GRöLS Verlage

„BÜCHER SIND WIE FALLSCHIRME. SIE NÜTZEN UNS NICHTS, WENN WIR SIE NICHT ÖFFNEN."

Gröls Verlag

Redaktionelle Hinweise und Impressum

Das vorliegende Werk wurde zugunsten der Authentizität sehr zurückhaltend bearbeitet. So wurden etwa ursprüngliche Rechtschreibfehler *nicht* systematisch behoben, denn kleine Unvollkommenheiten machen das Buch – wie im Übrigen den Menschen – erst authentisch. Mitunter wurden jedoch zum Beispiel Absätze behutsam neu getrennt, um den Lesefluss zu erleichtern.

Um die Texte zu rekonstruieren, werden antiquarische Bücher von Lesegeräten gescannt und dann durch eine Software lesbar gemacht. Der so entstandene Text wird von Menschen gegengelesen und korrigiert – hierbei treten auch Fehler auf. Wenn Sie ebenfalls antiquarische Texte einreichen möchten, finden Sie weitere Informationen auf www.groels.de

Viel Freude bei der Lektüre wünscht Ihnen das Team des Gröls-Verlags.

Adressen

Verleger: Sophia Gröls, Im Borngrund 26, 61440 Oberursel

Externer Dienstleister für Distribution & Herstellung: BoD, In de Tarpen 42, 22848 Norderstedt

Unsere „Edition | Werke der Weltliteratur“ hat den Anspruch, eine der größten und vollständigsten Sammlungen klassischer Literatur in deutscher Sprache zu sein. Nach und nach versammeln wir hier nicht nur die „üblichen Verdächtigen“ von Goethe bis Schiller, sondern auch Kleinode der vergangenen Jahrhunderte, die – zu Unrecht – drohen, in Vergessenheit zu geraten. Wir kultivieren und kuratieren damit einen der wertvollsten Bereiche der abendländischen Kultur. Kleine Auswahl:

Francis Bacon • Neues Organon • **Balzac** • Glanz und Elend der Kurtisanen • **Joachim H. Campe** • Robinson der Jüngere • **Dante Alighieri** • Die Göttliche Komödie • **Daniel Defoe** • Robinson Crusoe • **Charles Dickens** • Oliver Twist • **Denis Diderot** • Jacques der Fatalist • **Fjodor Dostojewski** • Schuld und Sühne • **Arthur Conan Doyle** • Der Hund von Baskerville • **Marie von Ebner-Eschenbach** • Das Gemeindekind • **Elisabeth von Österreich** • Das Poetische Tagebuch • **Friedrich Engels** • Die Lage der arbeitenden Klasse • **Ludwig Feuerbach** • Das Wesen des Christentums • **Johann G. Fichte** • Reden an die deutsche Nation • **Fitzgerald** • Zärtlich ist die Nacht • **Flaubert** • Madame Bovary • **Gorch Fock** • Seefahrt ist not! • **Theodor Fontane** • Effi Briest • **Robert Musil** • Über die Dummheit • **Edgar Wallace** • Der Frosch mit der Maske • **Jakob Wassermann** • Der Fall Maurizius • **Oscar Wilde** • Das Bildnis des Dorian Grey • **Émile Zola** • Germinal • **Stefan Zweig** • Schachnovelle • **Hugo von Hofmannsthal** • Der Tor und der Tod • **Anton Tschechow** • Ein Heiratsantrag • **Arthur Schnitzler** • Reigen • **Friedrich Schiller** • Kabale und Liebe • **Nicolo Machiavelli** • Der Fürst • **Gotthold E. Lessing** • Nathan der Weise • **Augustinus** • Die Bekenntnisse des heiligen Augustinus • **Marcus Aurelius** • Selbstbetrachtungen • **Charles Baudelaire** • Die Blumen des Bösen • **Harriett Stowe** • Onkel Toms Hütte • **Walter Benjamin** • Deutsche Menschen • **Hugo Bettauer** • Die Stadt ohne Juden • **Lewis Caroll** • *und viele mehr….*

Karl Simrock

Beowulf

Inhalt

Grendel

Schild der Schefing

Wie Großes hören wir von den Geerdänen,
Den Volksfürsten aus der Vorzeit Tagen,
Wie diese Edlinge sich eifrig erprobten!
So hat Schild der Schefing mit schädlichen Rotten

Mancher Sippschaft die Methbänk entrißen,
Der gefürchtete Fürst, der in frühster Jugend
Entblößt herbeitrieb; doch bald ward ihm Ersatz:
Er wuchs unter Wolken an Würde gedeihend
Bis ihm die Umsitzenden allzumal

Zu Willen wurden über der Wallfische Bahn
Und Gülte gaben: das war ein guter König!

Dem ward ein Sprößling später geboren,
Im Gadem jung, den Gott aussendete
Einem Volk zum Troste. Er sah die furchtbare Noth,
Die es lange gelitten, denn leider konnt ihm
Sein König nicht helfen: da gab der Herr des Lebens
Der aller Wunder waltet, ihm weltliche Ehre.
Berühmt ward Beowulf: der Ruf drang weithin
Des Nachkommen Schilds in den Scheidelanden.
So soll ein Kriegsfürst die Kleinode brauchen
Zu vollen Festgaben an des Vaters Busen schon,
Daß ihm im Alter dereinst verbleiben
Frohe Gefährten, und wenn Fehde sich hebt,
Ihn Leute geleiten. Mit Lobthaten mag
Ein Jüngling gedeihen in jeder Sippe.

Schild aber schied zur Schicksalstunde:
Viel versucht fuhr er in den Frieden Gottes.

Da brachten alsbald ihn   ans brandende Ufer
Die süßen Gesinden   wie er selber gebeten,
    Als des Worts noch waltete   der Wirth der Schildinge,
Der liebe Landesfürst;   lange besaß ers.
Da ruhte bereit   der geringte Steven
Zu eiliger Ausfahrt,   des Edlings Fahrzeug.
Die Leute legten   den geliebten König,
    Den Schatzspender   in des Schiffes Busen,
An den Mast den Mächtigen.

    Da war Menge der Schätze
Viel fernen Küsten entführter Schmuck.
Nie sah man schöner   ein Schiff gerüstet
    Mit kampflichen Waffen   und Kriegsgewanden,
Borten und Brünnen.   Ihm am Busen lagen
Viel köstliche Kleinode,   die den König sollten
In der Wogen Gewalt   weithin begleiten.
Sie rüsteten den Recken   nicht mit geringerm Gut,
    Mit schlechterm Geschmeid,   als er geschmückt war einst,
Da er zu Anfang   ausgesendet worden
Allein über Meer,   der ungeborene.
Ein golden Banner   banden sie ihm
Hoch zu Häupten,   und hießen die Woge,
    Das Meer ihn tragen.   Ihr Gemüth war traurig,
Ihr Sinn voll Sorgen.   Nicht sicher mögen
Nun Menschen melden,   Männer des Raths,
Helden unterm Himmel,   wer die Hab empfieng.

1. Heorot

Da blieb in der Burgen Beow(ulf) der Schilding
Als lieber Leutefürst lange Jahre
Den Völkern ferne kund, da sein Vater längst
Sich weggewendet. Derweil erwuchs ihm

Der hohe Healfdene: der beherschte spät noch
Ein grimmkühner Greis die guten Schildinge.
Dem Könige waren der Kinder vier
Zur Welt erwacht, die Wehrscharführer
Heorogar, Hrodgar und Halga der gute.

Elan, hört ich, hieß des Königs Tochter,
Die Bettgehalsin des Headoschilfings.

Dem Hrodgar wurde Heerglück verliehen,
Erwünschter Waffenruhm, daß die werthen Sippen
Ihm gerne gehorchten bis die Jugend erwuchs,
Der Männer Menge. Ins Gemüth kam ihm,
Daß er ein Hallgebäude gebieten wollte,
Einen mächtigen Methsaal den Männern zu bauen,
Des Gleichen nimmer noch vernommen ward.
So wollt er darinnen Alles vertheilen,
Jungen und Alten was Gott ihm schenkte
Außer den Leuten und dem Leben der Männer.

Da wurde weithin das Werk geboten
Ueber den Mittelkreiß mancher Gilde,
Die Volkstatt zu zieren. Zu fördern gelang es ihm
An den Erdensöhnen, daß endlich errichtet stand
Der Hallhäuser gröstes. Hirsch nannt' er es,
Der Hallhäuser gröstes. Heorot (Hirsch) nannt er es;

Der weithin des Wortes Gewalt besaß.
Er brach sein Erbieten nicht: Bauge (Ringe) vertheilt' er,
Schätze beim Schmaus. Der Saal hob sich

Hoch und hornreich   als hätt er nicht zu scheun
Der leiden Lohe Grimm.
Nicht lange währt' es noch,
Daß den Edlingen   zu eifrigem Kampf
Des Walfeldes Wuth   erwachen sollte,
Da ein ungeheurer Geist   gar ungern länger
Das erduldete   in der düstern Wohnung,
Daß er den Jubel   jeglichen Tag
In der Halle hörte.   Da war Harfenklang,
Des Sängers lautes Singen.   Es sagte der Kundige
Der Menschen Ursprung   in alten Zeiten,
Wie der Allmächtige   die Erde schuf,
Die frischen Gefilde   von der Flut gegürtet,
Dann siegsfroh setzte   Sonne und Mond
Als leuchtende Lichter   den Landbewohnern,
Und zum Schmuck die weiten   Gewannen zierte
Mit Laub und Zweigen,   Leben auch schenkte
Allem was athmet   auf der Erde Breiten.

So lebten die Leute   in Lust und Frieden
Aller Sorgen ohne   bis Einer begann
Frevel zu stiften,   ein Feind aus der Hölle.
Der grimme Gast   war Grendel geheißen,
Der berüchtigte Markgänger,   der im Moore hauste
In des Sumpfes Abgrund.   Der Unthiere Sitz
Behauptete lange   der leidige Wicht,
Welchen der Schöpfer   verworfen hatte.
So rächt' an Kains   Kindern den Mord
Der ewige König,   daß er Abeln erschlug.
Des genoß er nicht: aus der Nähe der Menschen
Verwies ihn der Schöpfer   für die unselge That.
Ihm sind die Unholde   all entstammt,
Eoten und Elfen   und der Orken Scharen,
Die Giganten zugleich,   die Gott widerstrebten
Jahrhunderte lang;   doch lohnt' er es ihnen.

2. Grendel

Bei nahender Nacht eilt' er nachzuspüren
In dem hohen Hause, wie die Hringdänen
Nach dem Aelgelage sich darin gebettet.
Da fand er auf dem Estrich der Edelinge Schar

Nach dem Schmause schlafend. Sie kannten Sorge nicht,
Kein lastendes Leid, das die Leute drückt.
In grausamem Grimme war er gleich bereit,
Und entriß der Rast mit raffender Gier
Der Degen dreißig. Von dannen eilt' er dann,

Sich der Beute brüstend dem Baue zu,
Mit den geraubten Recken zurück in sein Haus.

Da ward um die Uchte, beim ersten Tagen,
Grendels grause Kraft den Geerdänen kund.
Auf des Festmals Freude folgte Wehruf,
Lauter Morgenschrei. Der erlauchte König,
Der fromme Fürst unfreudig saß,
Drangsal duldend: um die Degen sorgt' er,
Als sie des Leidigen Laufspur ersahen,
Des verwünschten Geistes. Zu groß war das Unheil,
Zu leidvoll lastend.

Doch lange ruht' er nicht:
In der nächsten Nacht naht' er wieder und übte
Der Mordübel mehr; ihn ermüdete nicht
Gefährd und Frevel: er war zu fest darin.
Da war unschwer zu finden dem der anderwärts
Gerne geruhiger rasten wollte,
Ein Bett in den Bauten, da ihm entboten war
Und für sicher gesagt mit sichtlichen Zeichen
Des Höllengeistes Haß: wer hielte sich da
Nicht fern hinfort, dem Feind zu entweichen?
So schaltete schonungslos und scheute das Recht nicht
Der Eine wider Alle, bis eitel stand

Der Häuser wonnigstes. Es währte lange so:
Seinen Zorn erduldete zwölf Winter lang
Der Freund der Schildinge, schwere Trübsal
Lastendes Leid.

Lautbar ward es bald,
Unverborgen kund den Kindern der Menschen
In grausigen Liedern, wie Grendel so schwer
Wider Hrodgar wüthe: er erwies ihm Haß,
Fehd und Gefährde in der Halbjahre viel,
Unversöhnliche Feindschaft. Frieden wollt er
Der Degen Keinem des Dänenlands gönnen,
Noch gegen Lösegeld ihr Leben schonen.
So hatt auch Niemand, die Hoffnung wär thöricht.
Wehrgeld zu gewärtigen von des Wüthrichs Hand.
Der üble Unhold ängstigte stäts,
Der traurige Todschatte, Tugend und Jugend
Meuchelnd und mordend in den Mitternächten
Dem Nebelmoor entsteigend. Niemand weiß genau,
Wo die Geister der Hölle hausen und brüten.
So übte der arge Eingänger lange
Vielfachen Frevel, der Feind der Menschen,
Häßlichen Hohn. Heorot bewohnt' er,
Den schmuckreichen Saal, in schwarzen Nächten;
Aber dem Gabenstuhl Gottes durfte,
Der seine Minne misste, der Mörder nicht nahen.

Der Kummer kränkte den König der Schildinge.
Mit gebrochenem Muthe manchmal saß er wohl
Mit den Reichen zu raunen, ob sie ihm Rath ersännen,
Was die Hochgeherzten am Heilsamsten thäten
So grimmem Graus entgegen zu wirken.
In Hof und Heiligthum verhießen sie oft auch
Opfer und Weihen, mit Worten flehend,
Daß der Geisttilger ihnen gnädig hülfe
Wider den Würger. Das war ihr Gebrauch,

Die Hoffnung der Heiden: der Hölle gedachten sie
In Geist und Sinn, den Schöpfer verkennend,
Der die Thaten wägt. Sie wusten von Gott nichts,
Den Herrn der Himmel verherrlichten sie nicht,
Den Walter der Wonnen! Weh dem, der da soll
Zur Sühne der Bosheit die Seele tauchen
In Feuerflammen; er freue sich nicht,
Daß ein Ende werde. Wohl ihm, der da darf
Nach des Hingangs Tag den Herren suchen,
Und Frieden finden an Vaters Busen!

3. Beowulf

So sott die Sorge den Sohn des Healfdene
Jahr aus Jahr ein: der Edle vermochte
Das Weh nicht zu wenden: die Gewalt war zu stark,
Zu leidig lastend, die den Leuten geschah,

Die neidgrimme Noth, der Nachtübel gröstes.

Da hörte daheim Hygelaks Degen,
Der gute Geatenheld von Grendels Thaten,
Er aller Männer machtgestrengster,
Die dieses Lebens Licht überschien,
Hehr und edel. Er hieß den Wogengänger,
Den raschen, rüsten, da er den berühmten Fürsten
Ueber des Schwanes Pfad zu suchen gedächte,
Den erlauchten Herrn, dem eines Helden Noth sei.
Ihm hatten die Fahrt erfahrene Männer
Lange verleidet, so lieb er ihnen war;
Jetzt ermunterten sie ihn: sie bemerkten günstge Zeichen.

Der Gute hatte aus den Geatenleuten
Sich Kämpen gekoren, die kühnsten von allen,
Die er finden mochte. Der funfzehnte selber
Sucht' er das Sundholz. Ein seekundger Lootse
Steuerte das Schiff über Scheren und Klippen.
Die Frist schritt fürder, das Floß war auf der See,
Das Boot geborgen; die Biedern eilten,
Den Steven zu besteigen: die Strömung schwoll
Ans Ufer zurück. Die Edlinge trugen
In der Barke Busen die blinkenden Zierden,
Die kostbare Kriegswehr. Als die Kielmänner nun
Zur Wunschfahrt trieben das wohlgebundene Holz,
Da flog über Flut, einem Vogel vergleichbar,
Das schaumhalsge Schiff, geschoben vom Winde,
Bis daß zur Ebenzeit des andern Tages
So weit der gewundene Steven gewatet war,
Daß Land ersahen die Seefahrenden.
Die Brandungsklippen blinkten, die Berge ragten
Hinter langen Höhen. Da war der Lauf vollbracht,
Das Meer durchmeßen. Muthig alsbald
Erstiegen den Strand die stattlichen Gäste,
Und seilten den Seebaum. Die Schlachtkleider klangen,
Helm und Harnisch. Dem Herrn dankten sie,
Daß sie die Wellenwege so leicht durchwandelt hatten.

Da gewahrte vom Walle der Wächter der Schildinge,
Der hier der Seeküsten hüten sollte,
Wie sie die blanken Schilde vom Schiffe trugen
Und die guten Harnische. Er hätte gern erkannt
In seinen Muthgedanken, wer die Männer wären.
Auf dem Streitross stapfte zum Strande da
Der Held Hrodgars, in den Händen kräftig
Wägt' er des Speres Wucht, diese Worte rufend:

„Wer seid ihr, wackere Waffenträger

In den blanken Brünnen, die den brandenden Kiel
Ueber die Waßerwege sich wiegen ließet
Von jenseits der See?
Dieses Ufers Hüter hab ich Acht des Strandes,
Daß der Dänen Land kein leidiger Feind
Mit fernem Schiffsheer zu schädigen komme.
Nie sah ich offener hier Anfahrt halten
Lindenschildträger, die Erlaubniss doch
Noch schwerlich erlangten von des Landes Beschützern,
Noch der Männer Mitwißen. Nie sah ich mächtigern
Edling auf Erden, als den Einen unter euch,
Den Helden im Harnisch: ihn hat man heut nicht zuerst
Der Waffen gewürdigt, wo nicht sein Antlitz lügt,
Sein edles Ansehen. Ich aber muß nun
Eure Herkunft wißen, eh ihr von hier aus gar
Als lose Späher in das Land der Dänen
Vorwärts fahrt. Nun, ihr fernwohnenden
Meerdurchsegler, meine Gedanken,
Die einfachen, hört: eilends ist Noth,
Daß ihr mir verkündet, woher euer Kommen sei.“

4. Der Buchtwart

Ihm zur Antwort gab der Anführer dieß,
Des Wehrvolks Weiser den Worthort erschloß:
„Geermänner sind wir des Geatenvolks,
Die Heerdgenoßen Hygelaks.

Mein Vater war vielen Völkern kund,
Der edle Herscher Ecgtheow geheißen.
Manchen Winter währt' es, da wandt er sich
Im Alter aus dem Erbsitz; es erinnern sich sein
Wohl noch weise Männer weithin auf Erden.

Mit holden Herzen   gegen deinen Herrn
Sind wir Healfdenes Sohn   zu suchen gekommen,
Den leutselgen König: belehre du uns.

„Wir haben dem hohen   Herscher der Dänen
Große Botschaft zu bringen: sie bleibt nicht verhohlen
Wähn ich, den Weisen.   Du weist, ob dem so ist,
Was wir für sicher   sagen hörten,
Daß bei den Schildingen   ein Schadenstifter,
Ein meuchelnder Mörder   in den Mitternächten
Unerhörten Haß   und höhnische Bosheit
Kund that durch Todtschlag. Nun getrau ich Hrodgarn
Wohl Rath zu geben   aus des Geistes Fülle,
Wie der Alte bald   den Unhold bezwinge,
Wenn der ihn noch einmal   zu ängstigen komme.
So mag ers zur Buße   noch bringen des Unheils
Und der kochende Kummer   ihm kühler werden,
Oder immer muß er   unlieber Zeiten
Druck erdulden,   so lange dort besteht
An der Hochstätte   der Häuser bestes.“.

Da sprach der Recke,   der zu Rosse saß,
Der Buchtwart ohne Bangen: „Beides soll
Ein bescheidner Schildmann   zu schätzen wißen,
Wort und Werke,   wenn er wohldenkend ist.
Ich hab es gehört,   dieß sind holde Gäste
Dem Herrn der Schildinge.   Schafft denn heraus
Waffen und Gewande: ich weise euch.
Meine Mitwächter   mahnen auch will ich,
Vor allen Feinden   euer Fahrzeug zu wahren,
Den neugetheerten   Nachen am Strande
In Ehren zu halten   bis aber vielleicht
Den theuern Helden trägt   über den tiefen Meerstrom
Der gewundne Baum   zur Wedernmarke.
Jedem Gutwirkenden   gönn ich es billig,
Daß sie heil vollbringen   ihr Heldenwerk.“

Sie fuhren weiter; das Fahrzeug blieb
In der Bucht zurück, das weitbusige Schiff
Am Anker gefestigt. Eberbilder
Glänzten goldgeschmückt von der Gäste Schläfen,
Hell und feuerhart: sie hüteten das Leben.

Die Kampfmuthgen schritten mit kühnem Muth
Hastig dahin bis sie das Haus
Das goldzier glänzende jetzt erkannten,
Den Erdbewohnern das weitberühmteste
Der Häuser unterm Himmel, wo der Hehre wohnte;
Sein Licht leuchtete über der Lande viel.
Da ließ sie der Buchtwart der Biedern Hof,
Den scheinenden, schauen, daß sie schnurgerade
Ihm entgegen giengen. Der Geerträger wandte
Sein Ross zurück und redete so:
„Ich muß nun fahren: mag der Allwaltende
Vater euch immer in Ehren halten
Und aller Wege wohl. Ich will an die See,
Gegen Widersacher Wache zu halten."

5. Wulfgar

Die Straße war steinbunt, die da steigen sollten
Die kühnen Krieger. Die Kampfbrünne glänzte,
Die harte, handgeflochtene. Die Harnischringe
Sangen am Schlachtgewand, als zum Saal sie jetzt

In den Schreckenshelmen geschritten kamen.
Die Seemüden setzten die weiten Schilde,
Die festen Ränder an der Vorhalle Mauer
Eh sie zur Bank sich bogen, daß die Brünnen klirrten,
Die geatischen Harnische. Die Geere hatten sie

Alle zusammen gesetzt mit den Spitzen,
Den oben grauen. Die Eisenschar war herrlich
Mit Waffen gewürdigt.
Da kam ein werther Held,
Nach Adel und Ahnen die Edeln zu fragen:

„Von wannen führt ihr die feißten Schilde,

Wo führt ihr die Schilde, die schmuckreichen, her?“

Die grauen Brünnen, die bergenden Helme,
Der Heerschäfte Haufen? Hrodgars Amtmann
Und Bote bin ich. Nie gebahrten Gäste,
So mancher Mann muthiger, daß ichs sah.

Zu tapfern Thaten, nicht als Vertriebne wohl,
Hat euch der Hochsinn zu Hrodgar geführt.“

Der kraftberühmte Kämpe versetzte,
Der werthe Wedernfürst das Wort entgegnete
Aus dem hallenden Helm: „Wir sind Hygelaks
Bankgenoßen: Beowulf ist mein Name.
Sagen will ich dem Sohne Healfdenes
Meine Botschaft, dem mächtigen König,
Deinem Obherrn, wenn er anders vergönnt,
Daß wir den Guten begrüßen dürfen.“

Ihm erwiederte *Wulfgar*, er war der Wendeln' Fürst;
Sein mannlicher Muth war männiglich kund,
Seine Kraft und Kunst: „Den König der Dänen,
Der Schildinge Fürsten, will ich fragen gehn,
Den Ringbrecher, deiner Reise wegen
Wie du es wünschest, den würdigen Herscher;
Die Antwort aber dir eilends künden,
Die mir der Gute zu geben gedenkt.“

Da gieng er hurtig hin, wo Hrodgar saß,
Der alte unbehaarte, in seiner Eorle Schar.

Der Erlauchte eilte bis er vor der Achsel stand
Dem König der Dänen; er kannte Hofgebrauch.
Da wandte sich Wulfgar zu dem werthen Herrn:
„Gefahren kamen von fern hieher,
Ueber Meeresrücken Recken des Geatenlands;

Ihren Häuptling hör ich die Heldensöhne
Beowulf nennen. Sie bitten nur,
Reden zu dürfen mit dir, mein König!
Und Worte zu wechseln: das weigre du nicht.
Sie scheinen der Gunst deiner Gegenrede

Nach den Waffengewanden wohl würdig, Hrodgar,
Und der Edeln Achtung; ihr Obherr gewiss,
Der die Heermänner hieher gewiesen hat."

6. Begrüßung

Da versetzte Hrodgar, der Helm der Schildinge:
„Ich kannt ihn wohl, als er ein Knabe noch war.
Sein Vater, der alte, war *Ecgtheow* geheißen,
Dem zur Hausfrau *Hredel*, der Herr der Geaten,

Die einzige Tochter gab. Sein Abkömmling fuhr er
Nun her, der harte, den holden Freund zu suchen!
So sagten mir Seefahrende,
Die Güter und Gaben der Geaten uns her
Zu Danke brachten, daß dreißig Männer

Kraft der kühne, Kampfberühmte
Im Handgriff habe. Ihn hat der heilige Gott
Uns zu Ehren herübergesandt
Zu den Westdänen, so will mir ahnen,
Wider Grendels Graus. Dem Guten will ich

Für seine Kühnheit Kleinode bieten.
Nun bitte sie eilends hereinzutreten,
Daß sie der Sippen Schar hier beisammen sehen.

Und meld ihnen wahrhaft,   daß sie willkommen sind
Uns Geerdänen all."

Da gieng hinaus
Wulfgar der Wendelfürst,   und das Wort entbot er:
„Sagen soll ich euch   von dem siegreichen Fürsten,
Der Ostdänen König,   euern Adel kenn er,
Und über der See   salzreiche Wellen
Heiß er euch hoch-   geherzte willkommen.
So könnt ihr kommen   im Kampfgewande,
Unter Helm und Harnisch,   Hrodgarn zu sehen;
Die scharfen Schäfte   und der Schilde Ränder
Laßt derweil erwarten   des Worts der Bestimmung."

Da erhob sich der Hehre   und die Helden um ihn,
Dreister Degen Schar.   Dort verblieben Einige,
Des Heergeräths zu hüten   nach des Herrn Gebot.
Die Andern eilten,   dem Amtmann folgend
Unter Heorots Dach.   Ihr Herr schritt voran
Unterm Helm sich hehlend   bis er vor dem Hochsitz stand.

Beowulf begann,   die Brünne glänzt' ihm,
Das Schlachtnetz, vom Schmiede   kunstreich verschlungen:
„Heil dir, Hrodgar!   Ich bin Hygelaks
Mann und Neffe.   Viel mannhafter Thaten
Begieng ich jung schon.   Mir blieb Grendels Unfug
Auf meinem Erbsitz   unverhohlen.
Seefahrer sagten mir,   dein Saal hier stünde,
Die hehrste der Hallen,   der Helden jeglichem
Eitel und unnütz,   wenn das Abendlicht
Unter heiterm Himmel   sich verhohlen habe.
Da riethen mir nun   die Recken mein,
Die edelsten auch   und einsichtsvollsten,
Hier, König Hrodgar,   dich heimzusuchen,
Zumal sie meine   Machtgestrenge kannten,

Und selber oft sahen, wenn ich vom Siege kam,
Von den Feinden blutig, wie ich fünfe gebunden.
Ich tilgte die Thurse, traf in den Wellen
Nachts die Nixe, große Noth erduldend
Der Wedern Harm zu rächen, denn Weh betraf sie
Bis ich die grimmen tödtete. Mit Grendeln will ich jetzt
Ich Einer allein mit dem ungethümen
Riesen ins Gericht gehn. So ruf ich dich an,
Gebieter der Dänen, bitten will ich,
Obdach der Schildinge, dich Einer Bitte,
Die versage mir nicht, du Schirm der Kämpfer,
Freund deiner Völker, da ich so fern her kam:
Daß ich Einer dürfe mit meiner Edlinge Schar,
Dieser Helden Geleit, Heorot reinigen.
Ich erfuhr auch wohl, daß sich der freche Wicht
In seiner Verwegenheit vor Waffen nicht scheut:
Wohlan, so verheiß ich, so wahr Hygelak mir,
Mein Lehensherr, seine Liebe bewahre,
Weder Schwert zu tragen, noch den tiefen Schild,
Den goldbeschlagenen: mit den Griffen der Hand
Will ich den Feind erfaßen und Faust gegen Faust
Ums Leben ringen: dem Gerichte Gottes
Getrost vertraue sich, wen der Tod hinwegnimmt!
Ich wähn er wolle, wenn ers walten dürfte,
In der Gabenhalle uns Geaten auch
Furchtlos freßen, wie ers vormals that
An den Hredmännern.
Du darfst mir da
Das Haupt nicht bewachen; haben will er mich.
Triefend von Blut, wenn der Tod mich nimmt.
Er schleppt die Leiche, des Schmauses begierig
Und ißt, der Unhold, dann unbekümmert
Sein Moor umwandelnd. Mir brauchst du dann
Auf Leibesnahrung nicht länger bedacht zu sein.
Dem Hygelak sende, wenn mich hinnimmt der Kampf,
Der Brünnen beste, die meine Brust beschirmt,

Das hehrste Heergewand,   Hredels Nachlaß
Und *Wielands* Werk.   Seinen Weg geht das Schicksal.“

7. Ecgtheow

Hrodgar versetzte,   der Helm der Schildinge:
„Also Kämpfens halb hast du,   kühner Freund Beowulf
Und die Ehre zu mehren,   uns aufgesucht!
So focht auch dein Vater   der Fehden größeste:

Den *Headolaf* hatt er   eigenhändig erschlagen
Bei den Wülfingen: mit Waffenmacht
Konnt er sich nicht halten   vor des Heeres Toben.
Da sucht' er Schutz   bei der Süddänen Volk
Jenseits der See,   bei den Schildingen.

Ich waltete damals schon   des Dänenvolkes,
Ein Jüngling hielt ich   die gemmenreiche
Hortburg der Helden.   Heorogar war,
Mein älterer Bruder,   schon vorausgegangen,
Healfdens Geborner;   der war beßer denn ich!

Da sucht' ich mit Schätzen   zu sühnen die Fehde;
Den Wülfingen sandt ich   über des Waßers Rücken
Uralte Schätze;   Eide schwur er mir.

„Meinem Herzen hält es   hart zu sagen
Der Geerträger Einem,   wie mir Grendel hat
So viel Hohn in Heorot   und haßerfüllte
Bosheit geboten.   Mein Burgvolk ist,
Mein Schlachtheer, geschwunden: das Schicksal tilgte sie
Durch Grendels Graus.   Gott mag allein
Dem Schadenfrohen   die Schandthaten legen.
Gar oft erboten sich   vom Biere trunken
Bei der schäumenden Schale   die Söhne des Kriegs,
Erwarten wollten sie   in der weiten Halle

Grendels Grimm   mit dem Graus der Schwerter.
Dann war der Methsaal   am Morgen darnach,
    Wenn der Tag erglänzte,   beträuft mit Blut,
Mit Blut überfloßen   die Bankdielen all,
Die Halle mit Heerschweiß: ich hatte der Holden minder,
Der theuern Tapfern,   die der Tod mir geraubt.
Sitze zum Schmause nun   und entsiegle den Helden
    Mit Meth die Siegeslust,   wie dein Muth dich antreibt."
                    und erschließe den Helden
Den Sinn und die Siegslust wie die Seele dich antreibt.

Da ward den geatischen   Gästen zumal
In der Bierhalle   eine Bank geräumt,
Wo sich niederließen   die Lebensfrischen
Zu frohem Ergetzen.   Nicht vergaß ein Knappe
    In der Hand den Aelkrug,   den herrlich geschnitzten,
Schieren Trank zu schenken.   Oft sang ein Sänger
Heiter in Heorot.   Da war der Helden Wonne
Und nicht wenig Wehrkraft   der Wedern und Dänen.

8. Hunferd

    Da begann Hunferd,   Ecglafs Sohn,
Der zu Füßen saß   dem Fürsten der Schildinge,
Kampfrunen zu entbinden: ihm war Beowulfs Kunst,
Des kühnen Seeseglers,   schrecklich zuwider.

    Allzu ungern sah er,   daß ein anderer Mann
In diesem Mittelkreiß   mehr des Ruhmes
Unterm Himmel hätte   als Hunferd selbst:
„Bist du der Beowulf,   der mit Breka schwamm
Im Wettkampf einst   durch die weite See?

    Wo ihr tollkühn   Untiefen prüftet,
Mit vermeßnem Muth   in den Meeresschlünden
Das Leben wagtet?   Vergebens wehrten euch

Die Lieben und Leiden, die Leute zumal
So sorgvolle Reise, als ihr zum Sunde rudertet,

Das angstreiche Weltmeer mit Armen decktet.
Die Meerstraßen maßet, mit den Händen schlugt
Durch die Brandung gleitend; aufbrauste die Tiefe
Wider des Winters Wuth. Im Waßer mühtet ihr
Euch sieben Nächte: da besiegt' er dich im Schwimmem

Seiner Macht war mehr: in des Morgens Frühe
Hob ihn die Hochflut zu den *Headorämen*.
Von dannen sucht' er die süße Heimat,
Das Leutenliebe, das Land der *Brondinge*,
Die feste Friedensburg, wo er Volk besaß,

Burg und Bauge. Sein Erbieten hatte dir
Da *Beanstans* Geborner vollbracht und geleistet.
Drum erwart ich hier üblern Ausgang für dich,
Wie gestreng du in Stürmen und Streiten dich hieltest,
In grimmen Kämpfen, wenn du Grendels gedenkst,

Und seiner Nähe harren willst die nachtlange Frist.“

Da versetzte Beowulf, der Geborne Ecgtheows:
„Was du doch vielerlei, mein Freund Hunferd,
Vom Biere trunken von Breka zu sprechen weist,
Und seinem Siege! Ich sage dir fürwahr,
Daß ich im Meerkampf mehr vollbrachte,
Und Anstrengung aushielt, denn irgend ein Mann.
Verheißen hatten wir, erst halb erwachsen,
Und uns verbunden, wir waren beide noch
Gar jung an Jahren, in der gährenden See
Das Leben zu wagen: das leisteten wir.
Das Schwert ohne Scheide, da wir im Sunde ruderten,
Hielten wir in der Hand: so hofften wir uns
Vor Wallfischen zu wehren. Nicht weit von mir
In der Fluten Ferne zu fließen gedacht er

Mit schnellerm Schwimmen; auch schied ich ungern von ihm.
Zusammen beide in der See verblieben wir
Der Nächte fünf, bis die Flut uns trennte,
Der Wogen Wallen und der Wetter kältestes
Bei Nacht und Nebel: von Norden stürmte
Wuthgrimm der Wind in der Wellen Aufruhr.
Der Meerungethüme Muth war erregt;
Doch leistete mein Leibharnisch wider die Leidigen
Mir Hülfe, der harte, handgeflochtene.
Die Brust barg mir der Brünne Kunstnetz
Aus gutem Golde. Zu Grunde zog mich wohl
Ein farbiger Feind, der mich festhalten wollte
Mit grimmen Griffen; doch gegönnt war mir,
Daß ich das Scheusal mit dem Schwert erreichte,
Dem starken Stahl. Ein Streich entraffte
Das mächtige Meerthier durch meine Hand.

9. Wealchtheow

„So haben mich vielfach die verhaßten Feinde
Bedräut und bedrängt; doch dient' ich ihnen
Mit dem scharfen Schwerte, wie es schicklich war.
Sie erfreuten sich nicht der Fülle der Beute,

Die schnöden Verderber, daß sie mich schmausen durften
Und das Mal umsitzen im Meeresgrunde,
Sondern am Morgen, vom Mordstahl getroffen,
Sah man sie rottweis auf dem Rücklaß der See
Leblos liegen: die Leidigen wehrten

Den Seeseglern durch die schäumende Flut
Die Reise nicht länger.

„Da kam Licht von Osten,
Gottes blinkendes Zeichen. Die Brandung legte sich,
Daß ich die Seeküsten erkennen mochte,

Die windreichen Wälle.

„So bewahrt das Schicksal
Den kühnen Kämpen wohl, wenn seine Kraft nur langt.
Mir war beschieden, mit dem Schwert zu fällen
Der Nichse neun. Nie zur Nacht erfuhr ich
Unter des Himmels Hälfte von härterm Gefecht,
Noch mühreichern Männern in des Meeres Strömen;
Doch entgieng ich den grimmen Griffen der Feinde
Wie wegemüd ich war, da die Wogen mich
Fern hin führten zu der Finnen Landen,
Die wallenden Waßer.

„Kein Wort von dir
Wegen solcher Schrecken hab ich sagen hören,
So bitterm Schwertkampf. Auch hat Breka nie,
Von euch beiden Keiner im Kampfspiel je
So theuerliche Thaten vollbracht
Mit des Schwertes Schneide – ich sag es zum Ruhme nicht –
Obgleich du deiner Brüder Blut vergoßen hast,
Deiner nächsten Freunde, wofür du in der Hölle
Verdammniss dulden wirst, wie doch du witzig seist.
Ich sage dir für sicher, du Sohn des Ecglaf:
Nie hätte Grendel soviel Graus hier verübt,
Der arge Unhold, wider euern Gebieter,
Solchen Hohn in Heorot, wenn das Herz dir wäre,
Der Sinn so schwertgrimm, wie du selber glaubst.
Doch befand er wohl frühe, daß er die Fehde nicht,
Die üble Schwertkraft eurer Leute,
Der Siegschildinge, eben zu scheuen braucht.
Er nimmt sich Nothpfänder, Niemand scheut er
Der Dänenleute; nach Lust bekriegt er sie,
Würgt und schändet, keinen Widerstand
Von den Geerdänen fürchtend. Doch ein Geate soll ihm nun
Kraft und Kühnheit im Kampfe bewähren
Ganz unerwartet. Dann eile muthig
Wer mag zum Methe, wenn das Morgenlicht

Ueber die Erdenvölker   andern Tages scheint,
Und die Sonne von Süden,   der schöne Himmelswart."

Das hörte hochgemuth   der haargraue Schatzspender,
Der erlauchte Kampfheld: es glaubte der Verheißung
Der Glanzdänen Gebieter: an Beowulf vernahm
So festen Vorsatz   des Volkes Hirte.
Da war Lust und Lachen   und lauter Wiederhall
Wonnesamer Worte.   *Wealchtheow* gieng umher,
Hrodgars Gemahlin,   des Hofbrauchs gedenk
Und grüßte goldgeschmückt   die Gäste im Saal.
Die fröhliche Frau   gab den vollen Becher
Zuerst der Ostdänen   Erbsitzwart,
Und hieß ihn heiter   in der Halle zechen,
Der Leute Liebling.   Mit Lust empfieng beim Schmaus
Den gebotnen Becher   der biedre Siegsfürst.

Weiter durch die Halle   gieng der *Helminge* Sproß,
Einem nach dem Andern,   Alt und Jung
Goldgaben bietend,   bis jetzt ihr gelang
Daß zu Beowulf   die baugengeschmückte,
Mutherhabene,   den Methbecher trug.
Sie grüßte den Geatenfürsten,   Gott Dank sagend
Mit weislichen Worten,   daß ihr die Wonne ward,
Von der Helden Einem   nun hoffen zu dürfen
Der Frevel Entfernung.   Da empfieng den Becher
Der gewaltige Waffenheld   aus Wealchtheows Hand
Und redete darauf,   schon bereit zum Kampf.

Beowulf sprach,   der Geborene Ecgtheows:
„Das hab ich verheißen   als ich die Hochflut bestieg,
Ins Seeboot saß   mit der Schar meiner Helden,
Daß ich alleine   all eurer Leute Sehnsucht
Erfüllen wollte   oder auf der Walstatt fallen
In des Feindes Griffen.   Vollführen will ich
Also die Edelthat   oder den Endetag
In dieser Methhalle   morgen erwarten."

Der fürstlichen Frau gefielen die Worte,
Des Geaten Gelfspruch. Die Goldziere gieng,
Die herrliche Volksfrau, zu dem Fürsten sitzen.

Da war wie ehe innen der Halle
Freies Gespräch der freudigen Kämpen,
Der Siegvölker Jubel, bis der Sohn des Healfdene
Mit einmal aufbrach, seine Abendruhe
Zu suchen gesonnen. Der Sorghaften, wust er,
Harrte in der hohen Halle der Kampf,
Wenn sie der Sonne Licht nicht mehr sehen möchten,
Die nebelnde Nacht hernieder sänke,
Und Schattengeschöpfe schaurig verhüllt
Unter Wolken wandelten. Das Wehrvolk erhob sich.
Einer grüßte den Andern da,
Hrodgar den Beowulf, ihm Heil entbietend
Und Macht über den Methsaal zumal mit dem Wort:
„Niemals hab ich noch einem Helden,
Seit ich Hand und Rand zu heben vermochte,
Der Dänen Degensaal außer dir vertraut.
Habe nun und hüte der Häuser Bestes,
Sei der Ehre eingedenk, offenbare die Kraft,
Wache gegen den Wüthrich! Kein Wunsch bleibt dir versagt,
Wenn du dieß Heldenwerk heil vollbringen magst."

10. Gelfspruch

Da gieng Hrodgar in seiner Helden Geleit
Dahin aus der Halle, der Hort der Schildinge.
Der Weise wollte Wealchtheow suchen,
Die Bettgenoßin. Der Beste der Könige

Hatte wider Grendeln   in der Helden Gegenwart
Einen Saalwart gesetzt,   der sich im Sonderdienst
Dem Gebieter der Dänen   erboten zur Riesenhut.

Gänzlich vertraute nun   der Trost der Geaten
Der eignen Heldenkraft   und des Ewigen Huld.
Da eilt' er abzuthun   die eiserne Brünne,
Nahm den Helm vom Haupte   und gab das herrliche Schwert,
Den köstlichen Stahl   der Krieger Einem
Und hieß ihn hüten   des Heergeräthes.

Da begann und sprach   diese Gelfrede
Beowulf der Geate   eh er das Bett bestieg:
„Nicht geringer rechn ich mich   an Reckenkraft,
An grimmer Stärke   denn Grendel ist.
Drum nicht mit dem Schwert   ihn erschlagen will ich,
Und so sein Leben kürzen,   könnt ich es auch.
Er weiß nichts von Waffen,   daß er sie wider mich brauchte,
In den Schild mir schlüge,   obschon er berühmt ist
In widrigen Werken.   Wir werden die Nacht doch
Unsern Streit entscheiden,   wenn er suchen will
Wehr ohne Waffen.   Der weise Gott lege,
Der erhabene Herr,   in die Hand des Einen
Macht und Ruhm,   wie es gerecht ihn dünkt."

Da hüllte der Held sich,   sein Haupt empfieng das Kissen,
Des Edeln Antlitz,   und um ihn beugten sich
Viel schnelle Seehelden   im Saale zur Ruh.
Die gedachten da wohl kaum,   daß sie von dannen je
Zum lieben Lande   noch gelangen möchten,
Zu Burg oder Volk,   wo sie geboren waren.
Sie erfuhren ja hier,   daß zu Viele der Tod
In der herrlichen Halle   schon dahin gerafft,
Der Dänendegen.   Dennoch beschied ihnen Gott
Das Gewebe des Siegs,   den Wedernleuten:
Er schützt' und schirmte sie,   daß sie den Schädiger

Alle besiegten   durch des Einen Kraft
Und sonderliche Stärke.   So sicher ist die Kunde,
Daß der mächtige Gott   der Menschen waltet.

Weiten Weges kam   in wüster Nacht
Der Schattengänger geschritten.   Die Schirmer schliefen,
Die das hornreiche Haus   behüten sollten,
Alle bis auf Einen.   Da ward allwärts kund,
Der Grause konnte sie,   da Gott nicht wollte,
Der schreckliche Schädiger   nicht unter Schatten schwingen,
Da der Eine wachend   dem Uebeln Haß trug
Und grimmen Herzens   der Begegnung harrte.

11. Nächtlicher Kampf

Da kam vom Sumpfe   im Schleier des Dunstes
Grendel gegangen,   trug Gottes Zorn.
Der Meuchler meinte   der Menschen Einen
Schlau zu beschleichen   im Saale dem hohen.

In Wolken watet' er   bis er das Wonnenhaus,
Des Gabengebers   Goldsaal erkannte,
Den kleinodbunten.   Er kam nicht zum Erstenmal
Hrodgars hohes   Haus zu besuchen;
Doch fand er so alt er ward,   früher noch später

So harten Helden   als in der Halle diesen.

Vor der Stiege stand   des steinernen Hauses
Der Wonnenverwaiste   und wandte zur Thüre,
Der feuerbandfesten,   die Fäuste sogleich,
Erbrach, der Bösewicht,   so brannt er in Zorn,
Des Hauses Eingang;   in Hast dann kam
In die farbige Flur   der Feind geschritten,
Ingrimmig eilend;   von den Augen stand ihm

Der Lohe vergleichbar ein leidiger Glanz.
In der Halle sah er der Helden Menge
Versammelt schlafen, der Sippen Friedensbund,
Der Leute Geleit. Ihm erlachte der Muth:
Zu scheiden wähnt' er vor scheinendem Tag,
Der üble Unhold, den Helden allzumal
Leib und Leben; ihn lockte reichlicher
Weide Wahn. Doch Wurd verlieh ihm nicht,
Daß er mehr als Einen des Männervolks
Die Nacht genöße. Der Nothkühne sah,
Hygelaks Verwandter, daß der Wütherich
Die grimmen Griffe beginnen wollte.
Nicht länger ließ es auch der Leidstifter anstehn,
Vielmehr erfaßt' er jetzt zuvörderst Einen
Der Ruhenden und riß ihn rasch in zwei Stücke,
Zerbiß sein Gebein, trank das Blut der Adern
Und schlang große Stücke: schon hatt er ganz
Des Leblosen Leib verschlungen
Mit Füßen und Fäusten. Und fürder schreitend
Griff er jetzo nach dem großgeherzten
Recken auf dem Ruhbett; da reckte die Hand der,
Und faßte mit der Faust den Feind behende,
Den arg gesinnten, auf den Arm gestützt.
Da freilich fühlte der Frevelstifter,
Daß er mächtigern Mann in Mittelgart
Noch an allen Enden der Erde nicht gefunden,
So hart von Handgriff. Im Herzen wuchs ihm
Furcht, er fühlt' es; doch fort konnt er nicht,
Wie gierig sein Herz sich zur Hölle sehnte,
In der Teufel Gesellschaft: sein Tagewerk wollt ihm dießmal
Nicht gelingen wie immer in alter Zeit.
Denn Hygelaks Heerdgenoß, der hehre, gedachte
Der Abendrede, eilends erhub er sich
Und faßt' ihm die Fäuste: die Finger zerbrachen
Dem Riesen, da rückwärts ihn der Recke stieß.

Da sehnte sich sehr der sonst Gewaltige,
Das Weite zu gewinnen und hinweg alsbald
In sein Fennmoor zu fliehen: der Finger Kraft wust er
In des Grimmen Griffen. Das war ihm ein grauser Gang,
Daß der Harmbringer heute nach Heorot gekommen war!

Der Degensaal dröhnte; den Dänen ward,
So viele der Helden das Haus noch bewohnten,
Das Ael verschüttet. Ingrimmig kämpften
Die herben Hüter: die Halle schütterte.
Groß Wunder war es, daß der Wonnesaal
Die Tritte ertrug, und in Trümmer nicht
Der fürstliche Bau fiel. Aber fest stand er
Innen und außen mit Eisenklammern
Sorglich umschmiedet. Doch sank von den Schwellen
Manche Methbank, wie ich melden hörte,
Mit Gold geziert, da die Grimmen rangen.
Das wähnten wahrlich nicht die werthen Schildinge,
Daß ein Mann sie möchte, wie mächtig er wäre,
Wie bös und blutgier, zum Wanken bringen,
Geschweige zum Falle, sie schlucke denn Glut,
Flackernde Flamme. Auffuhr ein Geschrei
So neu und nie erhört, die Norddänen faßte
Schüttelnder Schrecken, die Scharen der Männer,
Die auf dem Walle den Wehruf hörten,
Den Gegner Gottes das Grauslied brüllen,
Den sieglosen Sang, des Versehrten Jammerlaut.
Er hielt ihn zu fest in der Haft des Todes,
Er aller Männer machtgestrengster,
Die dieses Lebens Licht überschien.

12. Arm und Achsel

Keineswegs wollte der Kämpen Schirm
Entfliehen laßen den furchtbaren Gast,
Dessen Lebenstage er der Leute Keinem
Von Nutzen glaubte. Zunächst ihm schwang

Sein altes Erbschwert mancher Edeling Beowulfs,
Des lieben Lehensherrn Leben zu schirmen,
Des erlauchten Fürsten, wofern sies vermochten.
Sie bedachten nicht, als sie das begannen,
Die hochgeherzten Heldensöhne,

Und in zwei Hälften ihn zu hauen gedachten,
Nach der Seele suchend, daß an dem Schadenstifter
Von allen Eisen das auserwählteste,
Härteste Heerschwert nicht haften wollte;
Denn Verwünschungen wust er wider alle Waffen

Und Schneiden zu sprechen. Doch sollt er sein Alter
An demselben Tage seines Lebens
Armselig beschließen und sein scheidender Geist
Fernhin fahren in der Feinde Gewalt.

Als nun gewahr ward der Wütherich,
Der mit mordlustgem Muth an der Menschen Geschlecht
So viel Frevel gefrommt, der Feind Gottes,
Daß ihm nicht Folge leisteten des Leibes Glieder,
Weil so fest der biedre Blutsfreund Hygelaks
Bei der Hand ihn hielt (sie haßten einander
Mit mordlichen Muth), da muste der Unhold
Der Wunde gewärtigen. Schon ward an der Achsel
Die Sehrung ihm sichtbar: die Sehnen rißen,
Die Beinschlüße brachen: dem Beowulf war
Der Sieg geschenkt; es sollte Grendel
Todwund flüchten und unterm Fenn dort suchen
Die wonnelose Wohnung. Er wuste sich nun wohl

An seines Alters   Ende gekommen,
Seine Tage voll.

Dem Volk der Dänen
War nach diesem Kampfe   der Kummer gestillt.
Gesäubert hatte   der über See gekommene
Weiskühne Weigand   den Wonnesaal Hrodgars,
Und von Frevel befreit.   Er freute sich des Nachtwerks
Und des ewigen Ruhms.   Den Ostdänen hatte
Der Geatensöhne Fürst   den Gelfspruch geleistet,
Ihnen alle die Arglist   endlich gebüßt,
Die Unheilsorge,   die sie ehe getragen,
Als sie drückende Noth   erdulden musten,
Nicht kleinen Kummer.   Zum klaren Zeichen.
Legte der Heldensohn   die Hand zur Schau
Mit Arm und Achsel,   vor allen Versammelten
Grendels Greifwerk heftend   unter das gellende Dach.

13. Siegmund und Fitela

Da war am Morgen   wie ich melden hörte,
In der Gabenhalle   der Geerträger Mancher.
Die Volksführer kamen   von fern und nah,
Ueber weite Wege   das Wunder zu schauen,

Des Feindes Fährte.   Sein Fall erschien
Der Kämpen Keinem   beklagenswerth,
Die des Ruhmberaubten   Rennspur erblickten,
Als er wehgemuth   hinweg von da,
Im Kampf überkommen,   ein Kind des Todes

In sein Nichsemoor   die Mordspuren trug.
Da sah man von Blut   die Brandung wallen,
Von Todesnaß   die traurige Woge,
Die nur stockend strömte   vor starrendem Saft,
So vom Feinde gefärbt,   als er freudenlos

In seines Fennes Frieden   das Leben flüchtete,
Die heidnische Seele,   eh die Höll ihn empfieng.

Da eilten von dannen   die Altgesellen,
Und der Jüngern auch Manche,   zu dem Jubelgange,
Da sie muthig vom Moore   auf Mähren ritten,
Blanken und braunen.   Da wurde Beowulfs
Heldenruhm verherrlicht.   Man hörte sie rühmen,
Im Süden und Norden,   zwischen den Seen beiden,
Auf der Erde Grund   sei kein anderer Kämpfer
Unter des Himmels Hälfte   so herrlich zu finden,
Der Randträger Keiner   des Reiches so würdig.
Doch wollten sie ihren freundlichen   Fürsten nicht schelten,
Den heitern Hrodgar: das war ein hehrer König.

Bisweilen wurden auch   im Wettlauf versucht
Von den Vielerfahrnen   die falben Rosse,
Wo die Landwege   dazu laden mochten,
Die beßer bekiesten.   Jener Königsdegen,
Mit Selbstruhm beladen,   doch der Lieder gedenk,
Daß er alle der edeln   alten Sagen
Schatz besaß,   sang wohl ein Lied,
Ein recht gebundenes.   Der Recke begann,
Beowulfs Kraftthat   kunstvoll zu singen,
In rascher Rede   berichtend und weise
Mit Worten wechselnd.   Alles wust er zu melden
Was er von *Siegmund*   einst sagen gehört,
Unerhörter   Heldenthaten viel,
Des Walsings Kämpfe   und weite Fahrten,
Die alle Menschenkinder   nicht kennen mochten,
Seine Fehden und Frevel,   außer *Fitela*,
Wenn er von Solchem   ihm sagen gewollt,
Der Ohm seinem Neffen,   die bei allen Kämpfen
Nun Genoßen waren   und Nothgestallen.
Sie hatten rottenweise   das Riesenvolk

Mit Schwertern erschlagen. Dem Siegmund entsprang
Nach dem Todestage untadlicher Ruhm,
Weil der Gewaltige den Wurm erschlug,
Den Hüter des Goldschatzes. Unter dem grauen Stein
Hatte des Edlings Sohn einsam gewagt
Die furchtbare That, denn Fitela war nicht bei ihm.
Doch war ihm beschieden, daß sein Schwert durchdrang
Den wunderbaren Wurm, daß an der Wand anstund
Das herrliche Eisen. Hin schwand der Drache.
Er hatt in schrecklicher Entscheidung errungen,
Daß er den Ringhort berathen durfte
Nach seinem Gelieben. Ein Seebot lud er,
Trug in der Barke Bauch die blinkenden Spangen,
Der Sohn Walses; der Wurm heiß zerschmolz.
Er war der Recken berühmtester weithin
Ueber viel der Völker, der Fechter Schirm.
Früh trugen ihm tapfere Thaten dieß Lob ein.
Aber bei *Heremod* endete Heldenthum,
Ruhm und Stärke. Zu den Riesen ward er,
In der widrigen Feinde Gewalt betrogen
In schneller Entsendung. Die siedende Sorge
Lähmt' ihn zu lange. Seinen Leuten ward er,
Allen Edlingen zu ewigem Kummer.
So betrauerte oft in den Tagen der Vorzeit
Des Hartherzgen Looß manch weiser Held,
Der der Uebel Abhilfe von ihm sich verheißen,
Daß des Königs Sohn in Kraft gedeihen werde
Zu des Vaters Adel, und das Volk erretten,
Den Hort und die Hochburg, der Helden Reich,
Den Erbsitz der Schildinge. Allen wurde so
Hygelaks Mann und Freund den Menschenkindern
Der freundseligere; jenen nahm Frevel hin.

Wieder im Wettlauf die weißen Straßen
Durchmaßen sie auf Mähren. Nun ward des Morgenlichts
Sieg beschleunigt; mancher schnelle Held

Gieng zu der hohen Halle mit herrlichem Muth,
Das Wunder zu gewahren. Da war auch Hrodgar

Aus dem Ehgemach, der Armringspender,
Glorreich gegangen mit großem Gefolge,
Der milderkannte König. Die Königin mit ihm
Maß den Methsteig in der Mägde Geleit.

14. Danksagung

Hrodgar sprach, als er zur Halle kam,
An der Schwelle stehend den stolzen Bau ersah,
Den mit Gold gezierten und mit Grendels Hand:
„Dieses Anblicks sei dem Allwaltenden

Zuvor Dank gesagt. Viel Leid erduldet' ich,
Grimmes, von Grendeln! Aber Gott wirkt immer
Wunder über Wunder, der Walter aller Herrlichkeit.
Noch unlang ist es, daß ich mir alle dieses
Wehs nicht wähnte noch in weiten Zeiten

Buße noch Beßerung, wenn ich blutig stehen sah
Das herrlichste der Häuser nach der Helden Mord.
Weh überwältigte die Weisen alle,
Die keine Hoffnung hegten, daß der Beherzteste selbst
Der Leute Landburg den Leidigen wehren möchte,

Vor Scheusalen schützen. Schauet, hier wirkte nun
Ein Held ein Heldenwerk durch des Herren Macht.
Wir alle lebenslang ließen uns solche
That nicht träumen. Traun, sie mag sagen,
Welche Maid auch immer unterm Menschenvolke

Diesen Helden gebar, wenn sie heute noch lebt,
Daß ihr Gott der Gute sich gnädig erwies
In des Kindes Geburt! Nun Beowulf, will ich dich,

Hehrster der Helden, von Herzen lieben
Wie den eigenen Sohn! Halt in Ehren hinfort

Die neue Sippe! Nichts gebreche dir mehr
Weltlicher Wunschgüter, deren ich Gewalt habe.

„Oft lohnt' ich reichlich geringere That
Mit Schatzgeschenken viel schwächerm Helden,
Der säumiger stritt. Dir selber hat nun
Tapfere That erwirkt, daß deine Tugend lebt
Immer und ewig. Der Allwalter möge dir
Mit Güte vergelten wie bis jetzt er that."

Da versetzte Beowulf, der Geborene Ecgtheows:
„Dieß Heldenwerk hab ich williglich
Vollführt im Gefecht, mich freudig wagend
An des Unkunden Kraft. Ich kann ihn nicht beschreiben;
Hättest du ihn selber doch sehen mögen,
In dem schrecklichen Schmuck, den Schwerzufällenden!
Gern hätt ich ihn hurtig mit harten Stricken
Festgebunden an sein Todesbette,
Daß er unter den grimmen Griffen meiner Hände
Sich windend läge und sein Leben nicht rettete;
Doch vergönnt war mir nicht, da Gott nicht wollte,
Ihm die Flucht zu wehren. Zwar faßt' ich nicht leise
Den mordlichen Gegner: aber zu mächtig war
Auf den Füßen der Feind. Die Faust jedoch hat er
Als Lebenslösung hier laßen müßen
Mit Arm und Achsel. Aber einigen Trost
Hat der Wonnelose nicht gewonnen damit.
Nicht länger lebt darum der Leidanstifter,
Der Schuldbeschwerte: die schmerzhafte Wunde
Nimmt ihn nun mit scharfer Nöthigung gefangen
In bittern Banden. So soll der Bösewicht
Dem großen Gerichte entgegenharren,
Welch Looß ihm verleihe der erlauchte Schöpfer."

Stille schwieg nun der Sohn des Ecglaf,
Ließ den Gelfspruch ruhn seiner rühmlichen That,
Da die Edlinge selber des Eorles Kraft
Und die Hand am hohen Hause ersahen.

Vorn war von des Feindes Fingern ein jeder
An der Nägel Statt wie von Stahl gebildet,
Des Heiden Handspornen, die unheimlichen Krallen
Des starken Streiters. Sie gestanden alle,
Da habe das Härteste nicht haften mögen,

Das edelste Eisen des Ungethüms
Blutige Kampffaust nicht brechen können.

15. Gabenspende

Da hieß man Heorot hurtig von innen
Säubern und schmücken. Man sah viel Frauen
Und Männer unmüßig, die Methhalle
Den Gästen zu zieren. Goldbunt schimmerten

An den Wänden Gewebe, ein Wunderanblick
Den Leuten, die Solches zu schauen liebten.
Der blickende Bau war brüchig geworden,
Ob mit Eisenbanden innen gefestigt:
Die Angeln zerrißen; einzig das Dach

Noch unversehrt, weil der Ungeheure,
Der Frevelfrohe, zeitig die Flucht ergriff,
Am Leben verzweifelnd. Nicht leicht ist es dem
Zu entsagen gewiss; versuch es wer will!
Doch sicher wird Jeder der Seelebegabten,

Der Menschensöhne, ihn müßigt die Noth,
Einst auf Erden suchen die enge Stube,

Wo sein geliehner Leib   auf dem Lagerbette
Nach dem Zechgelage schläft.

Da war Zeit und Stunde,
    Daß Healfdens Sohn   zu der Halle gieng,
Wo zum Male möchte   der Mächtige sitzen.
Nie hört ich so häufige   Scharen der Helden
Um den Schatzspender   schöner gebahren.
Da bogen zur Bank sich   die Biedern wohlgemuth
    Und freuten sich der Fülle.   Freudig empfiengen,
Auch manchen Methkrug   der Männer Gebieter,
Die hochgeherzten,   in dem hohen Saale,
Hrodgar und Hrodulf.   Heorot war innen
Mit Freunden erfüllt.   Auf Falschheit sannen
    Der hehren Schildinge   Sippen da nicht.

Da bot dem Beowulf   der Geborne Healfdens
Ein gülden Banner   zur Vergeltung des Siegs,
Ein herrlich Heerzeichen,   dazu Helm und Brünne;
Auch ein Kampfschwert, ein köstliches   Kleinod, sah man
    Dem Biedern bringen.   Beowulf empfieng da
Mit dem gefüllten Becher   die fürstlichen Gaben;
Ihrer durft er sich nicht schämen   vor der Schießenden Volk.
Nicht erfuhr ich, daß freundlicher   vier solche Kleinode
Aus Gold gebildet   ein Biedermann oft
    Auf der Aelbank   dem Andern schenkte.
Das Helmdach hütete   das Haupt zu schirmen
Ein Eber mit feinen   Fäden bewunden,
Daß nimmer der Feilen   Nachlaß, die Schwerter,
Ihn verschrotend schädigten,   wenn der Schildkühne
    Entgegengienge   den grimmen Feinden.
Dann ließ ein Achtgespann   der Edlinge Schirm
Feißtwangiger Rosse   in den Vorsaal ziehen,
In die Außenzäune; auf dem Einen lag
Ein schatzbunter Sattel   von schöner Bildung.

Der Heerseßel war es   des erhabenen Königs,
Wenn der Schwerter Spiel   zu schlichten gedachte
Healfdens Sproß,   denn an der Spitze ruhte
Des Weitkunden Kampf nicht,   wenn die Krieger fielen.
Dem Beowulf bot da   beider Gewalt

Der Ingwine Schutzherr   zu eigenem Frommen,
Der Waffen und Rosse,   daß er sie wohl gebrauche.
So mannlich lohnte da   der mächtige Fürst,
Der Hortwart der Helden,   den heißen Kampf
Mit Schätzen und Schlachtrossen,   wie sie nicht schelten mochte

Wer redlich die Wahrheit   zu reden gedachte.

16. Hildeburg

Auch ihnen allen   gab der Edlinge Fürst,
Die mit Beowulf kamen   über die brandende See,
Auf der Methbank hier   noch manches Kleinod
Ererbter Schätze;   und den Einen hieß er

Ihm mit Gold aufwägen,   den Grendel neulich
Meuchlings ermordet,   wie er noch manchen wollte;
Aber *Wurd* wehrt' es,   der weise Gott
Und des Mannes Muth.   Ueber die Menschen alle
Waltet der Schöpfer   und wird es ewig.

Darum ist Einsicht „   allen das Beste
Und weise Besonnenheit,   denn Viel erwarten muß
Liebes und Leides,   wer lange Zeit
In diesen Werbetagen   der Welt gebraucht.

Da war Sang und Klang   im Saale vereinigt

Hier vor Healfdenes   Heerkampfweisern.
Das Lustholz ward gegrüßt,   das Lied gesungen,
Wenn die Hallfreude   Hrodgars Sänger
Längs den Methbänken   ermuntern sollte:

„Durch *Finns* Söhne,   als Gefahr sie ergriff,
Sollte Healfdenes Held,   *Hnäf* der Schilding,
Im Friesenlande   zu Falle kommem.
Auch hatte *Hildeburg*   nicht hochzupreisen
Der Jüten Treue.   Unschuldig sollte sie
Die Lieben verlieren   im Lindenschildspiel,
Die Gebornen und Brüder;   beide fielen ihr
Vom Geer verwundet: das war ein gramvoll Weib!
Nicht grundlos grämte sich   über Gottes Fügung
Als der Tag ertagte   die Tochter *Hokes*,
Da sie unter hellem Himmel   erschauen sollte
Aller Verwandten Mord,   die ihre meiste Wonne
Auf Erden gewesen.   Alle Edlinge Finns
Hatte der Kampf verschlungen   bis auf so kleine Zahl,
Er wuste nicht mehr   auf dem Walfelde
Vor *Hengest* sich zu behaupten   und seiner Helden Heer,
Noch des Königs Kriegern   im Kampf zu wehren
Die Unglückstrümmer.   Ihr Anerbieten war,
Ihnen alle Huben zur   Hälfte zu räumen,
Mit Halle und Hochsitz,   deren sie halbe Gewalt
Besitzen sollten   neben den Söhnen der Jüten:
Dann wollte täglich   beim Vertheilen der Spenden
Finn Folkwalts Sohn   auch die Dänen erfreuen,
Und Hengestens Heer   mit Halsringen schmücken,
Mit Schatzgeschenken   des schweren Goldes
So freigebig,   als er der Friesen Geschlecht
Im Methsaale   zu ermuntern gedächte.

„Noch zweien Seiten   ward da zugesagt
Fester Friedensbund.   Finn gelobte Hengest
Mit Eiden ernstlich   und unverbrüchlich,
Damit in Ehren blieben   die Unglückstrümmer
Nach der Kundigen Rath,   daß Keiner je
Mit Worten noch Werken   gewährten Frieden bräche,
Noch einer Arglist   irgend gedächte,

Müsten sie dem Mörder auch   ihres Methspenders folgen,
Ihres Herrn beraubt   in so herber Noth;
    Und wofern ein Friese   mit frecher Rede
Den mordlichen Haß   im Gemüth erneute,
Sollt es des Schwertes   Schneide strafen.
Der Schwur ward geschworen   und zur Sühne Gold
Von dem Hort erhoben.

„Der Heerschildinge
Bester Brünnenträger   war zum Brande bereitet.
Unschwer zu schaun   war auf der Scheiterburg
Die blutige Brünne   mit blankgoldnem Helmschwein,
Eisenhartem Eber;   mancher Edeling auch,
    Die der Wunden gewürdigt   auf der Walstatt fielen.
Hildeburg hieß da   bei *Hnäfs* Leichenburg
Die eigenen Söhne   auf die Scheitern heften,
Ihr Gebein brennen   und zum Brande thun.
Ihnen Arm an Achsel   stand die Unselige
    Den Kummer klagend.   Kampfruf erscholl;
Zu den Wolken wand sich   der Walfeuer gröstes;
Der Hügel hallte.   Die Hauptpanzer schmolzen,
Die Beinschlüße borsten   und Blut entsprang
Dem Leidbiß des Leibes.   Lohe schlang Alle,
    Der gierigste der Geister,   die der Geerkampf gefällt:
Gebrochen war die Blüthe   beider Völker.

Der Ueberfall in Finnsburg

Fragment.

— — — — — — — nie heller brannten.
Da schrie laut auf der schwertjunge König:
„Das ist nicht Tag von Osten, noch eines Drachen Flug,
Auch glühen dieser Halle Hörner nicht in Flammen;

Doch brennt es fort wie Frühroth. Die Vögel singen
Getäuscht, und Heimchen zirpen. Tosend hallt der Geerbaum,
Der Schild erdröhnt vom Schafte. Noch scheint der Mond
Zwischen Wolken wandelnd. Wehthaten stehn nun auf,
Die dieser Völker Haß vollführen sollen.

Aber erwacht nur jetzt, ihr Weigande mein,
Haltet eure Lande, laßet Mannheit schaun,
Streitet an der Spitze. einmüthig steht dem Feind,
— — — — — .“
Aufstand da mancher

Goldgeschmückte Held, mit dem Schwert sich gürtend.
An eins der Thore traten zwei tapfere Kämpen,
Sigeferd und *Eaha*, die ihre Schwerter zogen;
Aber außen vor die Thore *Oslaf* und *Gudlaf*,
Und Hengest selber hob sich ihnen nach.

Da warf es *Garulf Gudheren* vor,
Daß ein so fröhlich Blut nicht der Vordersten Einer
Zu der Halle Thoren den Heerschmuck trage.
Zugleich fragte die Gegner unverhohlen
Der hochgeherzte: „Wer hält hier das Thor?“

Er sprach: „Ich heiße Sigeferd und bin der Secgen Fürst
Ein weitkunder Recke. Viel Weh hielt ich aus,
Viel schwerer Schlachten. Dein selber harrt wohl noch
Das Herbste, das du hier mir anhaben willst.“

Da hob vor der Halle sich des Heerstreits Toben.

Da ward nicht der Schild erst genommen zur Hand,
Der Beinschirm fehlte. Die Burgflur erdröhnte,
Als jetzt im Schwertkampf Garulf zusammenbrach,
Der edelste aller Erdbewohner,
Gudlafs Sohn. Ihn umgaben viel wackrer

Feinde Leichen. Der fahlbraune Rabe
Schweifte schwarz nach Beute. Schwertflamme hob sich
Als ob ganz Finnesburg in Feuer stünde.
Nie hört ich melden von Männerschlachten,
Wo sechzig Helden sich schöner gehuben,

Sang und schieren Muth milder vergüteten,
Als *Hnäfs* junge Helden ihm hier vergalten.
Sie fochten fünf Tage, daß ihrer Keiner fiel
Dieser tapfern Schar und sie das Thor behaupteten.
Da wandte sich hinweg ein wunder Held:

Gebrochen wär ihm die Brünne, sagt' er,
Sein Heergeräth mürbe, der Helm verhauen.

Da fragt' ihn Hengest, der Hirte des Volks,
Wie ihre Weigande der Wunden genäsen,
Oder wer dieser Jünglinge — — — —

— — — — — —

17. Hengest

„Da wandten sich die Weigande, die Weiler zu besuchen,
Das freundeberaubte Friesland zu schauen
Mit Heimen und Hochburg. Hengest blieb noch
Den leichenfarbnen Winter mit Finn da wohnen

Ohne Verlangen seines Landes gedenkend,
Obwohl er noch ins Meer hätte mögen treiben
Den gerin[g]ten Steven. Bald stürmte die See
Mit widrigen Winden: der Winter schloß das Meer
Mit Eisgebinde bis ein ander Jahr

Die Völker erfreute, wie es noch fürder geschieht,
Wer nur warten will der Wonnezeit
Und wunderklaren Wetters. Der Winter war dahin,
Lieblich der Erde Busen: das lockte den Gast,
Den Fremdling zu fahren; aber viel genehmer

Schien ihm die Rache als die Seereise.
Zorn und Zwietracht erzielt hätt er gern,
Daß die Jüten zuerst den Angriff erführen.
Damit entwich er nicht der Weltbestimmung,
Als sich ihm Hunlafing, das herrliche Kriegsschwert,

Der Barten beste, in den Busen senkte.
Doch lernten auch andere der Jüten kennen
So furchtbare Schwerter. Den Finn erreichte
Das Schwertübel endlich im eigenen Hause,
Als den grimmen Griff *Gudlaf* und *Oslaf*

Nach der Flucht über Meer ihm zum Vorwurf machten,
Als hätt er Antheil daran. Den eifrigen Muth
Hehlt' er im Herzen nicht. Da erfüllte die Halle sich
Mit feindlichen Scharen: erschlagen ward Finn
In seinem Volke, der Fürst, und die Frau geraubt.

Auf Schiffen entführten der Schildinge Krieger
Alle Eigengüter des Edelkönigs
Soviel sie fanden in Finnesburg
Der Münzen und Gemmen. Auf Meerpfaden brachten sie
Das herrliche Weib heim zu den Dänen,

Zu Land und Leuten."

Das Lied verhallte,
Des Frohmanns Gesang; entfeßelt stieg die Lust,
Bankjubel schallte; die Schenken boten
Wein aus Wunderkrügen. Da kam *Wealchtheow*
Unter goldnem Reif gegangen, wo die guten beiden
Bruderssöhne saßen. Noch war die Sippe ganz,

Einer dem Andern hold.   Auch Hunferd der Sänger
Saß dem Fürsten zu Füßen   und fest vertrauten sie,
Daß er Muth besäße,   ob er schon den Verwandten
    Im Schwertspiel nicht treu war.   Da sprach der Schildinge Fürstin:
„Empfang den vollen Becher,   mein Fürst und Herr,
Und sei du selig,   Schatzvertheiler,
Goldfreund der Männer.   Zu den Geaten sprich
Mit milden Worten   wie dem Mann geziemt.
    Sei den Guten gerne   der Gaben gedenk;
Du hast nun Frieden   so fern als nahe.
Man sagte mir, du wollest   wie einen Sohn
Den Recken halten.   Gereinigt ist Heorot,
Der glänzende Gabensaal: gieb so lang du darfst
    Deinen Leuten Lohn   und laß deinen Söhnen
Volk und Herschaft,   wenn du von hinnen must
Den Schöpfer zu schauen.   Dem Schutze vertrau ich sie
Meines heitern Hrodulf: er halt in Ehren
Die freundlose Jugend,   wenn du früher als Er,
    Du Schirm der Schildinge,   scheidest aus der Welt.
Mir ahnt, daß er einst auch   unsern Söhnen
Mit Güte vergelten wird,   wenn er des Guten gedenkt,
Das wir ihm zu Frommen   und fürstlichen Ehren
Dem Ungebornen   ehmals erwiesen."

18. Der Könige Gaben

    Da gieng sie zu den Bänken,   wo ihre Gebornen saßen,
Hredrik und Hrodmund,   bei der Helden Kindern,
Jugend bei Jugend;   auch der Gute saß dort
Bei den Gebrüdern beiden,   Beowulf der Geate.

Ihm brachte sie den Becher   und bat ihn zu trinken
Mit gütlichen Worten,   gewundenes Gold
Ihm artig anlegend,   der Armzierden zwei;

Dazu Hüllkleid und Ringe,   und der Halsbauge grösten,
Davon ich je erfuhr   bei den Völkern der Erde.
Nie hört ich unterm Himmel   von herrlicherm
Horte der Helden,   seit *Heime* forttrug
Zu der blinkenden Burg   der *Breisacher* Schatz,
Schmuck und Geschmeide.   Den schnöden Haß erwarb er
König *Ermenrichs*,   erkor ewiges Heil.

Diesen Halsring sollte   *Hygelak* der Geate,
Darnach genießen,   der Neffe *Schwertings*,
Hätt er den Schatz beschützt   unterm Schlachtenbanner,
Und dem Walraub gewehrt!   Aber *Wurd* nahm ihn hin
Als er übermüthig   sein Unglück zu suchen kam
In der Friesen Fehde.   Er führte den Schmuck
Mit den blitzenden Steinen   über den Becher der Flut,
Der erlauchte König;   unterm Lindenschild sank er.
Da fiel in der Franken Hand   des Fürsten Leben,
Die Brustbekleidung   und der Baug zumal.
Den Walraub nahmen   unwerthere Kämpen
Nach der Schlachtentscheidung,   als die Scharen der Geaten
Das Leichenfeld bedeckten.

Nach dröhnte laut die Halle;
Da redete Wealchtheow   vor den Recken und sprach:
„Dieses Baugs gebrauche,   Beowulf mein Lieber,
Mit Heil, o Held,   und dieser Hülle genießend,
Des wonnigen Schmuckes,   wachs und gedeihe;
Mit Kraft bekunde dich   und diesen Knaben sei
Linde mit Lehren;   zu lohnen denk ichs!
Du hasts erfochten,   daß dich so fern als nahe
Alle hochgeherzten   Helden nun ehren,
So weit wahrlich   als die windigen Küsten
Umwallt das Weltmeer.   Sei, weil du lebst,
Edeling, glücklich!   Ich gönne dir wohl
Das schöne Geschmeide.   Meinen Söhnen sei
Mit Räthen hold   in der Halle Jubel.

Hier sei ein Edling dem Andern zugethan,
Mild im Gemüth und dem Mächtigen hold,
Die Degen einig, alles Dienstvolk willig.
Trinkt, ihr Getreuen, thut wie ich bitte!“

Sie gieng zum Hochsitz; auf der Höhe war das Mal.
Wein tranken die Werthen, von Wurd nichts ahnend,
Dem grimmen Geschick, das ergehen sollte
An der Edeln Einem, als der Abend kam
Und Hrodgar heim zu seinem Hause gieng,
Der reiche, zur Ruhe. Die Räume hüteten
Edlinge in Unzahl, wie sie oft schon gethan.
Sie entblößten die Bankdielen und breiteten rings
Betten und Polster. Da bog sich mancher
Der raschen Recken zur Ruhe methschwer.
Zu Häupten legten sie die lichten Schilde,
Die blanken Borde. Auf den Bänken ward
Ueber den Edlingen augenfällig
Der ragende Helm und die geringte Brünne,
Der gewaltige Geer. So war ihr Gebrauch:
Zum Streite standen sie stäts bereit
Daheim wie im Heer, so hier wie dort;
Zu jeglicher Stunde, wo ihr Stammkönig nur
Dessen bedurfte, war ihr Dienst ihm bereit.

Grendels Mutter

19. Neue Fehde

Sie sanken in Schlaf. Aber sauer entgalt
Der Abendruh Einer, wie es öfter geschehen war,
Seit den Gabensaal Grendel heimgesucht,
Unthaten übend bis ihm sein Ende nahte,

Der Tod nach den Sünden. Doch ersichtlich ward nun,
Den Recken weithin ruchbar, daß ein Rächer noch
Den Leidigen überlebte nicht unlange Zeit
Nach dem grimmen Kampfe, da nun Grendels Mutter,
Die üble Unholdin, ihres Elends gedachte,

Sie, die den Waßergraus bewohnen muste,
Die kalten Ströme, seit Kains Zeit,
Der den einzigen Bruder umbrachte,
Seines Vaters Sohn. Er floh mit Blut befleckt,
Als Mörder gebrandmarkt, der Menschen Jubel

Und wohnte in der Wüste. Ihm entwuchsen viel
Unselge Geister: deren war Grendel Einer
Der häßliche Heerwolf. In Heorot fand er
Einen wachsamen Kämpen seines Kampfes warten.
Als ihn der Unhold anzugreifen kam.

Stäts gedachte der Starke seiner Machtgestrenge,
Der großen und grimmen, die Gott ihm verliehen;
Auf ihn hatt er allein als Anwalt vertraut,
Als Schützer und Schirmer: so besiegt' er den Feind,
Und neigte den Höllengeist: gehöhnt must er weichen

Theillos der Lust in die leide Todesstatt,
Der Menschenfeind.

Seine Mutter sollte
Nun gehn, die gierige mit giftigem Sinn,
Den sorgenvollen Gang, ihren Sohn zu rächen.
Sie kam nach Heorot, wo die Hringdänen
Im Saale schliefen. Da geschah alsbald
Der Edlinge Aufruhr, als herein jetzt brach
Grendels Mutter. Der Graus war nicht kleiner,
Nicht minder mächtig, als ein Mädchenheer
Weibisch erschrickt unter bewaffneten Männern,
Wenn mit drohender Schärfe das doppelschneidige
Hammergehärtete, herzbluttriefende

Schwert die Schweinbilder der Helme schartig macht.
Hastig in der Halle wurden die hartgewetzten
Schwerter geschwungen und tiefer Schilde viel
Hoch erhoben, und des Helms nicht gedacht,
Noch der blanken Brünne: so brach der Schreck herein!
Auch Ihr ward Angst; hinaus wollte sie
Ihr Leben zu retten, die sich verrathen sah.
Aber Einen schon hatte sie der Edlinge
Fest erfaßt, eh sie floh in ihr Moor.
Dem Hrodgar war es der Helden liebster
Seines Gesindes zwischen den Seen beiden,
Der rasche Randkämpe, den sie der Rast entriß,
Der biedere Held.

Nicht war Beowulf dort:
Ein ander Gemach war ihm eingeräumt
Nach der Hortspendung, dem hehren Geaten.

Braus war in Heorot. Sie hatte die blutige
Bekannte Hand entführt. Der Kummer war erneut
In der weiten Wohnung. Der Wechsel war nicht gut,
Den sie nach zweien Seiten bezahlen sollten
Mit der Freunde Leben. Der erfahrne König,
Der haargraue Held härmte sich übel,
Als er den erlauchten Helden des Lebens beraubt,
Seiner Tapfern theuersten getödtet sah.

Alsbald zu dem Burgsaal ward Beowulf berufen,
Der siegreiche Held. Vor scheinendem Tag
Eilte mit Etlichen seines edeln Gefolgs
Der Kämpe dahin, wo der König harrte,
Ob ihm der Allwaltende noch einmal wolle
Nach dem Wehgeschick Wonne verleihen.

Ueber die Flur gieng da der Vielversuchte
Mit seinem Handgesinde (das Saalholz dröhnte),

Den weisen Herscher   mit Worten zu erforschen.
Da fragt' er der Ingwine   Fürsten, ob die Nacht
Ihm nicht nach Wunsche   wohl bekommen sei.

20. Das Moor

Hrodgar versetzte,   der Schildinge Helm:
„Laß Mein Ergehen: der Gram ist erneut
Den Dänenleuten.   Todt ist Aeskher,
Irmenlafs   älterer Bruder,

Mein Redegeselle   und Rathgeber,
Mein Achselschirm,   so oft wir im Kampf
Die Häupter hüteten,   wenn im Heldenstreit
Die Eber ächzten.   So edelgut
Wie Aeskher war,   sollten immer Helden sein.

Ihn hat in Heorot   hingewürgt
Ein irrer Unholdgeist,   mir ahnt nicht welcher!
Seiner Aesung stolz   ist er umgekehrt
Durch Todtschlag getröstet.   Die That wollt er rächen,
Daß du gestern Nacht   Grendeln niederrangst,

Ihn heftig haltend   in harter Umklammerung,
Der zu lange schon   meiner Leute Zahl
Mordend minderte.   Jetzt must er erliegen,
Des Todes schuldig.   Aber schau, ein Andrer kam,
Ein gewaltiger Wütherich,   den Verwandten zu rächen

Der führt die Fehde   nun fort, die alte,
Wie dieser Degen   Manchen bedünken mag,
Der seinem Gabengeber   gerne beweinen hilft
Dieß herbe Herzeleid.   Diese Hand ward schwach,
Die jeglichen Wunsch   euch gewähren möchte.

Verlauten ließen sich   Landleute wohl,
Diesen Saal berathend   sagten sie mir,

Sie hätten gesehen,   wie solche zwei
Mächtige Markgänger   die Moore hüteten,
Unkunde Gäste: Der Eine war,

Wie sie gewiss   zu wißen vermeinten,
Einem Weibe gleich;   doch ganz wie ein Mann trat
Das andere Ungethüm   die einsamen Wege,
Nur daß er menschlich Maß   mächtig überragte.
Grendel nannten ihn   die Gaubewohner

Seit vielen Jahren.   Seinen Vater weiß man nicht,
Noch ob ihnen irgend   Einer verwandt sei
Der dunkeln Geister.   In Düsterniss
Bewohnen sie Wolfsschluchten,   windige Klippen,
Das fahrvolle Fennmoor,   wo in Felsenströmen

Unter nächtlichen Klüften   niederstürzt die Flut,
Den Werder unterwühlend.   Nicht weit ists von hier
Nach der Meilen Maß,   wo der Moorgrund steht;
Unheimlich hängt   ein Hain darüber
Mit gewaltigen Wurzeln   das Waßer überhelmend.

Ein schauerlich Wunder   schaut man allnächtlich da:
In der Flut ist Feuer.   Doch so erfahren lebt
Der Menschen Keiner,   der das Moor ergründet hat.
Wenn von Hunden gehetzt   auch der Haidestapfer,
Der hornstarke Hirsch   den Holzwald sucht,

Das Leben läßt er,   wie lange verfolgt,
Doch eher am Ufer,   als er darinne
Sein Haupt behütete: so ungeheuer ist es dort,
Wo wider die Wolken   der Wogen Gemenge
Starr emporsteigt   und der Sturm sich austobt

In leiden Gewittern,   daß die Luft sich verhüllt
Und die Himmel weinen.

„Nun ist Hülfe wieder
Allein bei dir. Den Ort noch kennst du nicht,
Die furchtbare Stätte, wo du finden magst
Den sündvollen Wicht. Such ihn, wenn du's wagst.
Ich will dir den Kampf mit Kleinoden lohnen,
Mit altem Erbgut, wie ichs ehe that,
Mit gewundenem Golde, wenn du wiederkehrst."

21. Hrunting

Beowulf entgegnete, der Geborene Ecgtheows:
„Faße dich, weiser Fürst! Mehr frommt es Jedem,
Den Freund zu rächen als ihn viel zu betrauern.
Von Uns muß Jeder das Ende erwarten

Dieses weltlichen Lebens: wirke, ders vermag,
Großthaten vor dem Tode: das taugt dem Helden,
Dem ausgelebten dereinst am Meisten.
Erhebe dich, Reiches Hirt! Laß uns hurtig fahren,
Daß wir die Gangspur schauen von Grendels Mutter.

Das schwör ich dir, sie soll nicht Schutz vor mir finden
In der Erde Busen noch in des Berges Holz,
Noch des Weltmeers Grund, wo sie ihn suchen mag!
Gedulde dich nur diesen Tag noch
Wie weh dir werde: das erwart ich von dir."

Der Greis erhob sich und sagte Gott den Dank,
Dem erhabenen Herscher, für des Helden Gelöbniss.
Da wurde Hrodgarn der Hengst gezäumt,
Mit der gewundnen Mähne. Der weise Fürst
Ritt gerüstet heran; die Reckenschar folgte.
Unterm Lindenschild. Die Laufspur war
In den Waldwegen weithin sichtbar:
Sie gieng über die Gründe und grad hinaus

Ueber das düstre Moor: den Degen hatte sie
Seelenlos mitgeschleppt,   den allerseligsten,
Deren die bei Hrodgar   ein Heim besaßen.

Da übereilte   der Edlinge Sproß
Steile Steingehänge   auf schmalen Steigen,
Engen Einpfaden,   unkunden Wegen,
Niedergeneigten Klippen,   von Nichsen bewohnt.
Er ritt mit wenigen   der weisen Männer
Allein voraus,   das Erdreich zu erforschen,
Bis er auf einmal   überwachsen sah
Den grauen Stein   von starrenden Bäumen,
Wonnelosem Wald.   Ein blutig Waßer stand
Trübe drunter.   Den Dänen allen ward,
Den werthen Schildingen,   wehe zu Muthe,
Als das erdulden sollte   der Degen so mancher
Was Allen unerhört schien,   da sie Aeskhers Haupt
Hier an der Holmklippe   haften sahen.
Das Volk sah von Blut   das Fennmoor wallen,
Von heißem Herzsaft.   Ein Horn sang zu Zeiten
Ein schaurig Sterbelied.   All die Schar saß nieder.
Sie sahn im Waßer   Wurmgeschlechter viel,
Seltsame Seedrachen   sich im Sumpfe tummeln
Und an der Klippen Nasen   die Nichse lauern,
Die oft zur Underzeit sich zur Ausfahrt rüsten,
Zu sorgvoller Reise   auf der Segelstraße.
Hinweg floh Gewürm   und wild Gethier
Erbost und erbittert   als sie das Blasen hörten,
Das Heerhorn gellen.   Der Geatenfürst
Schied ihrer Einen   mit der Armbrust vom Leben
Im Wogenwälzen: in der Weiche stand ihm
Das scharfe Geschoß.   Zum Schwimmen war er
Nun langsamer,   da sein Leben hinschwand.
Schnell in der See jetzt   mit Sauspießen,
Mit harschhackigen,   ward er hart bedrängt,
Und wie starr er sich sträubte   an den Strand gezogen,

Der wunderliche Wogner. Die Wehrmänner beschauten
Den grausigen Gast.

Nun gürtete sich Beowulf
Sein Kriegskleid rasch, unbekümmert um sein Leben.
Die handgeflochtene Heerbrünne sollte
Die weite, wunderbunte, die Wogen erforschen,
Die Brust und Gebein ihm bergen konnte,
Daß kein boshafter Biß ihm den Busen treffe,
Arglistig verletzend am Leben schade.
Das Haupt der Helm ihm der helle wahrte,
Womit er die Moorgründe durchmeßen sollte,
Das Schaumgewühl suchen im Schmuck der Kleinode.
Ihn umfiengen Fürstenketten, den in der Vorzeit Tagen
Ein Waffenschmied gewirkt, ihn mit wunderbarer Zier,
Mit Eberbildern schmückend, daß seit der Stunde
Ihn Beil noch Barte mehr beißen konnte.
Auch nicht die mäßigste Machtstütze war es,
Die ihm Hrodgars Herold herlieh zur Noth.
Hrunting geheißen war das Heftschwert mit Namen,
Eins der alten ererbten Kleinode.
Mit Gift befeuchtet war die glänzende Schneide
Und in Heerschweiß gehärtet. Es hatte nie im Kampf
Den Tapfern getrogen, der es trug in der Hand,
Wie grausigen Gang er zu gehen wagte
Im Volk der Feinde; es förderte jetzt
Kühne Kraftthat keineswegs zuerst.
Der arbeitkräftige Ecglafssohn.
Gedachte des nicht mehr was er damals gesprochen
Von Weine trunken, nun er die Waffe herlieh
Dem stärkern Streiter: an seiner Statt sein Leben
Wollt er nicht wagen im Gewühl der Flut,
Sich der Kämpenschaft erkühnen: so kam er um den Ruhm
Hohen Heldenthums; da behielt ihn der andere,
Der sich zur Reckenthat gerüstet hatte.

22. Der Meersaal

Beowulf sprach, der Geborene Ecgtheows:
„Gedenke nun, Healfdens erhabner Sohn,
Erfahrner Fürst, da ich zur Fahrt bereit bin,
Goldfreund der Männer, was wir gestern sprachen:

Wenn ich in deiner Bedrängniss sollte
Das Leben verlieren, du wolltest lebenslang
Mir Heimgefahrenen an Vaters Stelle sein.
Sei nun Schutz und Schirm der Schar meiner Degen,
Meiner Kriegsgefährten, wenn der Kampf mich hinnimmt.

Die Schätze sende, die ich geschenkt erhielt,
Dem Hygelak hin, Hrodgar, Geliebter,
Daß an dem Gold erkenne der Geaten Obherr,
Hredels Sohn schaue, wenn er den Schatz bewundert,
Welch einen guten und gabenmilden

Hortspender auch hier ich hatte, weil ich lebte.
Aber Hunferd habe, der hochberühmte,
Zum Ersatz das Schwert mit scharfer Klinge,
Das alte Erbstück, da Ich mit Hrunting
Mir Ruhm erringe, mich raffe denn der Tod.“

Mit Eifer beeilte sich, da er also geredet,
Der Wedergeaten Fürst, er wollte nicht erst
Die Antwort abwarten. Den Edling empfieng
Das Brandungswallen. Es braucht' einen Tag,
Da konnt er den Grund erst erkennen des Meers.
Sofort erfuhr es die der Fluten Reich
Seit hundert Halbjahren haßvoll bewohnte,
Die grimmgierige, daß gern der Männer Einer
Das Erbe der Unholde ausgeforscht hätte.
Sie griff ihm entgegen, in greuligen Klauen
Faßte sie den Fürsten; doch verfieng das nicht,
Seinen Leib zu verletzen: ihr ließ es nicht zu,
Daß sie das Kriegskleid durchkrallen mochte

Mit feindlichen Fingern, die geflochtene Brünne.
Die Seewölfin brachte, als sie den Boden fand,
Zu ihrer Halle hin den Helden im Kriegsgewand,
Daß er nicht mochte, wie muthig er war,
Seiner Waffen walten. Viel Wundergeschöpfe
Setzten im Sund ihm zu; der Seethiere Manches
Hatte mit Hauzähnen seinen Harnisch zerbrochen,
Den Armen geängstet.

Der Edling sah sich jetzt
Er wuste nicht in welcher Wohnung des Abgrunds.
Hier mochte das Meerwaßer nicht mehr ihm schaden:
Ein Dach überdeckt' ihn, daß er unbedrängt verblieb
Von der Flut Gefahren. Ein Feuer sah er auch
Mit bleichem Lichte leuchten und scheinen.
Dabei erblickt er die Brandungswölfin,
Das mächtige Meerweib. Muthig erhub er
Kampf mit dem Kriegsschwert, und barg die Klinge nicht.
Die geschwungene Schneide sang ihr ums Haupt
Ein grausig Kampflied. Da erkannte bald der Gast,
Daß seine blinkende Waffe nicht beißen wollte,
Ihr Leben verletzen: es verließ die Schärfe
In der Gefahr den Fürsten, die zuvor doch manches
Handgemenge ausgehalten, oft Helm und Kampfkleid
Getrennt dem Todgeweihten; dem theuern Kleinod
Geschah es zum erstenmal, daß seine Macht erlag.

Doch verblieb starkmüthig, zum Streit nicht läßig,
Des Heldenruhms gedenk, Hygelaks Neffe.
Er warf das Waffen hin, das schmuck gewundene,
Der unmuthge Edling: an der Erde lag es
Mit der stählernen Klinge. Seiner Stärke vertraut er nur,
Dem harten Handgriff. So soll der Held thun,
Wenn er im Wehrkampf zu gewinnen denkt
Langwährend Lob, nicht ums Leben sorgen.
Bei der Achsel erfaßte, Gefahr nicht scheuend

Der Geaten Gönner Grendels Mutter.
Der Kampfkühne schwenkte, ihm kam nun der Zorn,
Die furchtbare Feindin: sie fiel zu Boden.
Doch hatte sie hurtig ihm Handlohn gereicht
Mit grimmen Griffen ihm entgegen drängend.
Streitmüde strauchelte der Streiter Gestrengster
Im Fußkampfe, daß er zu Falle kam.
Da saß sie auf den Saalgast, zog ihr Schwert hervor,
Das breite braunschneidige, den Gebornen zu rächen,
Den einzigen Absproß. Doch auf der Achsel lag ihm
Das geflochtene Brustnetz: das barg sein Leben,
Und wehrte der gewetzten Waffe den Eingang.
Gesunken wäre da der Sohn Ecgtheows
Unter den großen Grund, der Geatenkämpe,
Hätte nicht die Brünne den Biedern geschirmt,
Das harte Heernetz, und der heilige Gott,
Der des Waffensiegs waltet, der weise König,
Der Himmel Berather, der nach dem Recht entschied.

23. Grendels Haupt

Unschwer ward es ihm wieder aufzustehen:
Da sah er unter Waffen eine sieghafte Barte
Von tüchtiger Schneide, ein Schwert der Riesen,
Aber der Kämpen Zier, eine Krone der Waffen;

Nur war es zu wuchtig als daß jedweder es
Beim Schwerterspiel zu schwingen vermöchte,
Das gut und gründlich von Giganten gewirkte.
Schon faßte die Hilze der Fürst der Schildinge:
Herb und heergrimm das Heftschwert schwang er

Wie am Leben verzweifelnd mit zornigem Schlag,
Daß er hart sie hier am Halse verletzte,
Und die Beinringe brach. Die Barte durchsauste

Der Verfehmten Fleisch: sie fiel zu Boden.
Die Waffe war blutig, des Werkes froh der Held.

Die Lohe leuchtete: licht ward es innen
Eben wie vom heitern Himmel scheint
Die Leuchte der Lüfte. Entlang der Halle blickt' er:
Da wandte sich zur Wand, die Waffe erhebend,
Die harte bei der Hilze, Hygelaks Degen
    Wild und verwogen. Die Waffe deuchte
Den Helden herrlich. Hastig sollte sie
Nun Grendeln vergelten die grimmen Thaten,
Die er weiland gewirkt an den Westdänen
Um Manches öfter denn zu Einem Male,
    Wenn er Hrodgars herrliche Heerdgenoßen
Erschlug im Schlummer; denn der Schlafenden schlang er
Des Dänenvolkes oft funfzehen Männer;
Aber auswärts führt' er noch funfzehn andre
Zu leidvoller Beute. Das lohnt' ihm jetzt
    Der stolze Streiter, als er starr auf dem Ruhbett
Und leblos Grendeln liegen sah
Des Kampfs nicht mehr kundig, der des Kampfes Entscheidung
Erhielt in Heorot. Hin sprang der Leichnam,
Als er schon verendet noch den Schwang empfieng,
    Den scharfen Schwerthieb; er schlug das Haupt ihm ab.

Derweil gewahrten die weisen Recken,
Die oben mit Hrodgarn hinsahn auf das Moor,
Daß trüb die Flut sich färbte vor ihnen,
Die Brandung blutroth ward. Von dem Biedern sprachen da
    Untereinander die altergrauen,
Nun erhofften sie des Helden Heimkehr nicht mehr,
Daß er dem erfahrnen Fürsten ein freudiger Sieger
Noch wiederkehre, denn es wär ein Zeichen,
Daß er erwürgt wäre von der Wölfin der Brandung.

Die None war gekommen: die Klippen verließen
Die schnellen Schildinge: es schied von dannen
Der Goldfreund der Männer. Die Gäste saßen noch,
Des Muths ermangelnd auf das Moor zu starren,
Wusten und wähnten nicht, daß sie noch wiedersähen
Den holden Herrn.

Dem Helden begann indes
Das Schwert zu schwinden von der Erschlagenen Blut,
Das wohlgewetzte. Ein Wunder war es,
Wie es all zerschmolz dem Eise gleich,
Wenn des Frostes Feßel Allvater löst
Und die Wogen entbindet, der da Gewalt besitzt
Der Weiten und Zeiten: das ist der wahre Schöpfer!

Dem Waßersaal entführte der Wedergeaten Fürst
Nicht mehr der Kleinode, wie manche da waren,
Als das Haupt allein, und die Hilze des Schwertes,
Das schatzgeschmückte. Das Schwert war geschmolzen,
Die Barte verbrannt, denn das Blut war heiß,
So giftig der Gast, der den Geist vor ihm aufgab.

Auf schwamm nun stracks, der im Streit zuvor
Der Feinde Fall erharrt. Die Flut empor giengs.
Gesäubert hatt er die Seestrecken all
Und die weite Wohnung, wo der widrige Gast
Nun die Lebenstage ließ, die geliehne Welt.

Da kam an die Küste der Kielführer Helm
Stolzlich geschwommen, der Seebeute froh,
Der mächtigen Bürde, die er mit sich trug.
Entgegen gieng ihm und dankte Gott für ihn
Die hohe Heldenschar ihres Herren froh,
Daß sie gesund ihn sehen sollten aufs Neu.

Dem Hurtigen wurde da Helm und Brünne
Sogleich gelöst: das Waßer lief herab,
Die blutgefärbte Flut in Strömen.

Nun fuhren fort von da, die Füße gebrauchend
Mit erheiterten Herzen den Heerweg meßend,
Die bekannte Straße, die kühnen Männer.
Von der Waßerklippe trugen sie des Widrigen Haupt.
Doch ihrer Einem wär es allzuschwer
Der kräftigen Kämpen. Es konnten viere
Nur mühsam tragen auf der Todtenstange
Grendels Haupt zu der Gabenhalle
Bis jetzt auf einmal hinein den Saal
Die frommen Fahrtschnellen vierzehn kamen,
Die Geaten, gegangen; auch gieng ihr Führer
In ihrer Mitte muthig durch die Methgefilde.

Da kam der Edlinge Obherr gegangen,
Der werkkühne Recke, der des Ruhms gewürdigte,
Der kampfgrimme Held, Hrodgarn zu grüßen.
Beim Haare ward in die Halle getragen
Grendels Haupt, wo die Helden tranken,
Den Männern furchtbar und den Frauen noch mehr;
Seltsamen Anblick ersahn sie Alle.

24. Heremod

Beowulf sprach, der Geborne Ecgtheows:
„Diese Seegaben bringen wir, o Sohn Healfdens,
Der Schildinge Fürst, dir fröhlich hieher,
Unsres Ruhmes Zeichen und Zeugen, schau!

Ich setzte unsanft daran das Leben:
Unterm Waßer wagt' ich gewaltigen Streit
Nicht sonder Beschwer; mir wäre schier der Kampf

Zum Unglück ergangen, wenn Gott mich nicht schirmte.
Mit Hrunting vermocht ich in dem Handgemenge

Nur wenig zu wirken, wie gut die Waffe war;
Doch würdigte mich der Welten Berather,
Daß ich schimmernd sah an der Saalwand hangen
Ein altedel Schwert (wohl öfter wies Er
Unberathne zurecht): ich riß herab das Waffen.

Da erschlug ich im Streit, denn so schien es mir Noth,
Die Hirten des Hauses. Bis ans Heft war das Schwert
Das ich brauchte, verbrannt, wie das Blut hervorsprang,
Der heißeste Heerschweiß. Die Hilze hab ich
Den Feinden entführt, und die Frevel gerächt

Wie es ziemte, der Dänen tödtliche Qual.
So verheiß ich dir denn, daß du in Heorot magst
Nun sorglos schlafen mit der Schar des Geleits
Und ein Jeder der Degen deines Gefolges,
Der Jugend und Tugend; du hast jetzt nicht zu fürchten,

Schutzherr der Schildinge, von solcher Gefahr
Der Gefährten Fall, wie du früher mustest."

Da ward die goldne Hilze dem greisen Helden,
Dem haargrauen Heerfürsten in die Hand gegeben,
Der Enzen Altwerk: zum Eigenthum ward es
Nach der Teufel Fall dem Dänenkönig,
Das Werk der Wunderschmiede, da diese Welt verließ
Der Gegner Gottes, der grimm geherzte,
Nach so manchem Mord, und seine Mutter auch.
Gewaltig ward sein der Weltkönige
Allerseligster zwischen den Seen beiden,
Die je Schätze vertheilten in den Scheidelanden.

Da hub Hrodgar an, als er die Hilze schaute,
Das alte Erbstück, an dem der Ursprung geschrieben stand
Der frühsten Feindschaft; die Flut verschlang hernach,

Die Gott ergoß,   der Giganten Geschlecht,
Dem es furchtbar ergieng.   Es war ein fremdes Volk
Dem ewigen Herscher: den Endelohn gab ihm
Durch des Waßers Wallen   der Waltende drum.
So war auf der Leiste   in lichtem Golde
Mit Runstäben   richtig verzeichnet,
Gesetzt und gesagt,   wem das Schwert zu Lieb,
Der Eisen edelstes,   zuerst gewirkt ward,
Das wurmbunte mit gewundner Hilze.   Der Weise sprach,
Der Sohn Healfdens, es schwiegen alle:

„Wohl mag das rühmen,   der immer Recht und Wahrheit
Im Volke förderte,   und der Vorzeit gedenkt,
Ein alter Erbwart,   daß dieser Edeling
Ein Beßrer geboren ward.   Beowulf, mein Freund,
Ueber weite Wege   ist dein Werth erhöht,
Ueber alle Völker.   Du vereinst verträglich
Gewalt und Weisheit.   Meine Liebe widm ich dir
Treulich, wie wir sprachen.   Der Trost sollst du sein
Noch lange Zeit   deinen Leuten all,
Deiner Helden Hülfe.   Nicht war *Heremod* so
Der Schildinge Beistand,   der Gebornen Ecgwelas:
Nicht zur Lust erwuchs er,   zum Leichenfall nur
Und zur Todesqual   den Dänenleuten.
In Tollmuth vertilgt' er   die Tischgenoßen,
Die Achselgestalden,   bis er einsam scheiden muste,
Der erhabene Herscher   dem Heldenjubel fern,
Obschon ihn durch Machtwonne   der milde Gott
Ueber alle Helden   einzig erhoben
Und weithin gefördert.   Da wuchs ihm aber
Nur Blutgier im Busen.   Bange gab er nie
Den Dänen nach Verdienst,   ein traurig Leben führt' er
Bis er seines Wüthens   Wirkung erfuhr,
Daß ihn die Leute ließen.   Das nimm zur Lehre dir,
Und gedenke der Milde.   Dieser Märe hab ich dir
Erwähnt, durch Winter klug.   Ein Wunder ist es,

Wie der mächtige Gott dem Menschengeschlecht
Weisheit spendet mit weitspähndem Blick,
Habe und Herschaft, denn das hat er Alles.

25. Betrachtungen

„Manchmal dem Mann von mächtgem Geschlecht
Gewährt er willig Wunsch und Belieben,
Gönnt ihm zum Erbe der Erde Wonne
Und herrlich zu halten die Hortburg der Männer;

Seiner Gewalt unterwirft er der Welt Gebiete,
So weite Reiche, daß er selber nicht weiß
In seinem Unverstand ein Ende zu erdenken.
Er lebt im Genuß; mit Nichten quält ihn
Alter noch Siechthum; das sorgende Gewißen

Beschwert ihm den Sinn nicht, noch scheint ihm von Waffenhaß
Ein Angriff zu drohen, da sich all die Welt
Nach seinem Willen wendet. Er weiß von keinem Uebel
Bis ihm im Innern der Uebermuth
Wächst und wuchert, da der Wächter schlummert,

Der Seele Hirte; sein Schlaf ist allzufest
Durch Bannspruch gebunden. Bald ist der Mörder nah,
Der von der Armbrust mit Unthaten schießt.
Dann wird er im Herzen unterm Harnisch getroffen
Mit bitterm Bogenschuß. Er birgt sich vor Freveln

Nicht mehr nach dem Willen des wüsten Geistes.
Ihm wiegt zu leicht nun was er lange beseßen;
Gramherzig giert er, in Großmuth nicht mehr
Spendet er Spangen; sein spätestes Looß
Vergißt er, missachtend was Gott ihm verlieh,

Der aller Wunder waltet, der Würden vollen Theil.
Oft dann ereignet sichs zur Endezeit,

Wenn der Leichnam erliegt   und des Lebens ledig
Athemlos umfällt,   daß ein Andrer zugreift,
Der unbekümmert   die Kleinode schwendet,

Des Edlings alte Schätze,   des ersten Eigners spottend.
Birg dich vor solcher Bosheit,   Beowulf, Geliebter,
Erster der Männer,   und das Edlere wähle,
Ewiges Heil!   Uebermuth meide,
Bester der Kämpen!   die Blüthe deiner Kraft

Währt eine Weile nun: es wird ein Tag sein,
Da scheidet dich Schwert   oder Siechthum von Kräften,
Oder Feuersflammen   oder Flutenwallen,
Oder Dolchesgrimm   oder Geeresflug,
Oder übles Alter,   oder der Augen Licht

Schwindet und schwärzt sich: schnell denn ergehts,
Du Trost der Tapfern,   daß der Tod dich bewältigt.
So hab ich der Hringdänen   hundert Halbjahre
In der Welt gewaltet,   und sie wehrlich beschirmt
Vor der Mächte mancher   in diesem Mittelkreiß

Mit Schwertern und Schäften,   daß ich schier mir keinen
Widersacher wähnte   unter der Wölbung des Himmels;
Aber Andres viel   in meinem Erbsitz erfuhr ich,
Jammer nach Jubel,   seit Grendel hier,
Der alte Erbfeind,   mein Einwohner ward.

Seit seiner Heimsuchung   beschwerte mich Nacht und Tag
Das herbste Herzeleid.   Dem Herrn sag ich Dank,
Dem ewigen Trost,   daß ich den Tag erlebte,
Da ich dieß blutige Haupt   erblicken durfte
Mit eigenen Augen   nach dem alten Leid.

„Geh nun zum Sitze,   genieß des Gastmals Lust
Durch Sieg beseligt.   Uns sei der Kleinode
Menge gemein,   wenn der Morgen kommt."

Hin gieng der Geate sogleich mit Freuden
Den Sitz zu suchen wie der Saalherr gebot.
Da ward wie zuvor von den Fehdeberühmten,
Die im Hause saßen heiter gesprochen
Mit neuer Stimme.

Der Nachthelm dunkelte
Schwarz über der Schar. Die Schnellsten erhoben sich:
Zu Bette wollte der bleichgelockte
Greise Schilding, da auch den Geaten sehr,
Den berühmten Recken, zu ruhn verlangte.
Da wies ein Kämmerling den kampfmüden,
Fernher gefahrnen sofort hindann,
Der ihm mit Ehrfurcht Alles besorgte
Nach des Degens Bedürfniss, was zu dieser Stunde
Ein Heerkampfgänger erheischen mochte.
Da ruhte sich der weitherzge. Das gewölbte Gemach
Erglänzte goldbunt, der Gast schlief darin
Bis von des Himmels Heitre herzfroh der schwarze
Rabe verkündete, es komme das Licht,
Die Schatten zu scheuchen.

Die Schnellen eilten.
Die Recken rüsteten sich, zurück alsbald
Zu ihrem Volk zu fahren. Bald dachte fort von da
Der kühnherzge Kämpe den Kiel zu leiten.
Da hieß der Hehre den Hrunting bringen
Dem Sohn des Ecglaf, gab das Schwert ihm zurück,
Das löbliche Eisen, für das geliehne dankend.
Er zähl' es für gut und zuverläßig,
Im Kampfe kräftig; mit keinem Worte schalt er
Des Stahles Schneide: das war ein stolzer Mann!

Da nun reisefertig in den Rüstungen standen
Die Geaten, da gieng der Gute dahin,

Die Dänen zu ehren, wo der Andre war,
Der erhabene Held: von Hrodgar nahm er Urlaub.

26. Abschied

Beowulf sprach, der Geborne Ecgtheows:
„Nun sagten dir gerne wir Seefahrenden,
Die wir weither kamen, daß der Wunsch uns treibt
Zu Hygelak heim. Hier hat man uns gut

Und willig bewirthet; du warst uns hold.
Wenn ich mit irgend etwas auf Erden noch
Dir mehr erfreuen mag Gemüth und Herz,
Herscher der Dänen, als ich dießmal that,
So wiße mich willig zum Werk des Kampfs.

Und erfahr ich fern über der Fluten Reich,
Daß dich Umsitzende ängstigend drängen,
Wie dir die Feinde wohl früher thaten,
So will ich dir tausend bringen der tapfersten
Helden zu Hülfe. Von Hygelak weiß ich,

Dem Geatenherscher, ist er gleich noch jung,
Der Fürst seines Volks, daß er mich fördern wird
Mit Worten und Werken, dich wehrlich zu schirmen.
Das Geerholz bring ich dann dir beizustehen,
Deine Macht zu mehren, wenn dir Männer Noth sind.

Wenn dann Hredrik zu den Höfen der Geaten
Kommt, der Königssohn, so kann er da viel
Der Freunde finden; die Fremde mag
Der sichrer besuchen, der selber taugt."

Da gab Hrodgar dem Helden zur Antwort:
„Wahrlich, dir hat dieß Wort der weise Gott
In den Sinn gesendet! In solcher Jugend
Hört' ich nie weislicher einen Wehrmann reden.

Du bist machtgestrenge und im Gemüthe klug,
In Wortreden weise. Für gewiss eracht ich,
Wenn sich begäbe, daß die Geerspitze raffte,
Oder schwertgrimmer Streit den Sohn des Hredel,
Eisen oder Siechthum den Erbherrn dir,
Den Lenker der Leute, und du das Leben hast,
Daß sich die Seegeaten schwerlich beßern
König erkiesen könnten als dich
Zum Hortwart der Helden, wenn du behaupten willst
Der Ahnen Erbreich. Mir ward all dein Wesen
Je länger je lieber, mein lieber Beowulf.
Du führtest dich so, daß den Völkern beiden,
Den Geatenleuten und Geerdänen
Friede gefestigt wird und die Fehde ruhn soll,
Haß und Feindschaft, die sie früher trugen,
Dieweil ich walte dieses weiten Reichs,
Sei der Hort uns gemein. Manchmal grüße
Einer den Andern über des Tauchers Bad,
Die geringte Barke bringe Liebesgaben
Von Lande zu Lande. Die Leute weiß ich
Gegen Freund und Feind von fester Gesinnung,
In Allem untadelig nach alter Weise."

Da gab ihm abermals der Edlinge Schirm,
Der Sohn Healfdens, Hortkleinode zwölf
Und hieß ihn so beschenkt zu den Sippen daheim
Sich in Wohlsein wenden und bald wiederkehren.
Da küsste der edle König, der gute,
Der Gebieter der Schildinge, den Besten der Helden
Beim Hals ihn haltend. Dem Haargrauen rannen
Helle Zähren herab. Gute Heimkehr erwünscht' ihm
Der alterfahrene; das Eine doch sehnlicher:
Sie sollten sich beide noch wiedersehen
Zu frohem Gespräche. Ihm war der Freund so lieb,
Daß er den heißen Herzenswunsch nicht verhehlen konnte.
Gedanken banden ihn im Busen so fest an ihn,

Daß nach dem herzlieben Helden geheimes Verlangen
Widers Blut ihn brannte. Beowulf schied,
Der goldstolze Mann, den Grasweg tretend,
Seines Schatzes froh. Der Seegänger harrte,
Am Anker schwankend, des Eigners und Herrn.
Unterweges wurden nach Würden gepriesen
Hrodgars Kleinodgaben: das war ein guter König,
In Allem untadlich, bis ihm das Alter nahm
Die Freude der Kraft, wie es Vielen thut.

27. Hygd und Offa

Da kamen zum Meere der Muthigen viel
Des Reckenvolkes. Ringnetze trugen sie,
Gestrickte Streitgewande. Der Strandwart erfuhr
Der Edlinge Heimkehr, wie die Ankunft vordem.

Und nicht mit Unglimpf von des Ufers Vorsprung
Grüßt' er den Gast: entgegen ritt er ihm
Und hieß willkommen die Wederleute,
Als zu Schiffe stiegen die schön gepanzerten.
Da sah man am Gestade den seestarken Nachen,

Den geringten Steven mit Rüstungen beladen,
Mit Mähren und Schätzen. Der Mast überragte
Hrodgars herrliche Hortkleinode.
Dem Bootwart gab Beowulf ein goldgebundenes
Schwert zum Geschenk, so schön, daß er künftig

Werther damit auf der Methbank schien
Durch das alte Erbstück. Er stieß ab mit dem Schiff
Das Tiefwaßer trübend und ließ der Dänen Land.

Da ward der Meermantel bei dem Maste dort,
Ihr Segel seilfest; der Seebaum dröhnte.

Da konnte Wind und Welle des Wogenfurchers
Schnellfahrt nicht hemmen. Der Seegänger fuhr,
Durchschwamm den Sund mit beschäumtem Hals,
Der gebundne Steven über die Brandungsströme
Bis sie der Geaten Klippen erkennen mochten,
Die bekannten Küsten. Der Kiel schoß empor
Und lag am Lande von der Luft geschaukelt.
Gleich stand am Gestad der Strandwart bereit,
Der schon lange Zeit der geliebten Männer
Fahrt aus der Ferne mit Fleiß betrachtet.
Da seilt' er am Strande das starkbusge Schiff
Mit Ankerbanden, daß die brandende Flut
Das freudenreiche Fahrzeug nicht entführen möchte;
Hieß dann aufwärts tragen der Edlinge Gut,
Schmuck und gediegnes Gold.

Von da nicht ferne
Hatten sie zu suchen nach dem Schatzvertheiler,
Dem Hredling Hygelak: ein Haus bewohnt' er
Mit seinem Gesinde dem Seewalle nah.
Das Haus war herrlich, hochberühmt der König
Und hoch die Halle; auch *Hygd* noch jung,
Und weis und wohlgestrenge, ob sie der Winter gleich
Nicht viel noch erblickt' unterm Burgverschluß.
Zu vertraut nicht that die Tochter Häreds,
Noch kargte sie zu sehr mit Kleinodgaben
Gegen die Geatenleute; aber grimmiger Stolz
Verführte die Volksfrau zu frevelnder That.
Das getraute sich der Theuerste nicht
Der nächsten Genoßen neben dem Eheherrn,
Sie mit Augen anzuschaun einmal des Tages,
Denn handgeflochtene Feßeln des Todes
Wust er sich winken: da ward ohne Säumen
Von hastiger Hand mit dem Heftschwert geworben,
Daß es schlimmen Schaden bescheiden muste
Und Mordübel künden. Das ist nicht magdlicher Brauch

Noch des Weibes würdig, wie waidlich sie sei,
Daß die Friedeweberin mit entflammtem Zorn
Einem lieben Mann nach dem Leben stelle.
Auch warf ihr das vor der Verwandte *Hemings*
als sie Offas Wohnung
Ueber die falbe Flut nach ihres Vaters Rath
Zu Schiffe suchte

Beim Aeltrinken. Doch Andere sagen
Sie habe der Mordübel minder gestiftet,
Der argen Anschläge, seit zuerst sie ward
Goldgeschmückt gegeben dem jungen Kämpen,
Die adeltheure, als sie *Offas* Wohnung
Ueber die falbe Flut nach ihres Vaters Rath
Im Schiffe suchte. Dort saß sie nun
Mit gutem Ruf auf dem Gabenstuhl
So lang ihr des Lebens Looße währten
Hochliebe hegend zu dem Heldenfürsten,
Der aller Männer, wie ich melden hörte,
Der Biederste war zwischen beiden Seen,
Unterm Erdenvolke. Denn Offa ward
Durch Mannheit und Milde, der muthvolle Held,
Weithin gewürdigt; durch Weisheit behielt er
Der Ahnen Erbe. *Eomär* entsprang ihm
Den Helden zur Hülfe, *Hemings* Verwandter,
Garmunds Neffe, der nie im Kampf verzagte.

28. Freaware

Da hob der Hehre mit der Helden Schar
Sich hin zum Strande, das Gestade tretend,
Die weiten Werder. Das Weltlicht schien,
Die Sonne von Süden. In beschleunigter Fahrt

Schritten sie schnell dahin   bis sie den Schirm der Helden,
Den Beuger Ongentheows   in der Burghalle,
Den jungen Heerkönig,   den guten, fanden
Halsringe spendend.   Dem Hygelak hatte man
Beowulfs Ankunft   alsbald gemeldet,

Er kehre wieder   der Weigande Schutz,
Sein Schildgeselle,   gesund und heil
Aus des Kampfspiels Noth,   schon nah' er dem Saal.
Da räumte man rasch   nach des Reichen Gebot
Den Fußfahrenden   die Flur im Innern.

Da saß ihm an der Seite   der Sieger im Streit,
Verwandter bei Verwandtem,   als der Weigande Fürst
In feiernder Rede   den Freund begrüßt
Mit mächtigen Worten.   Mit den Methschenken gieng
Hin durch die Halle   Häreds Tochter:

Den Leuten liebreich   bot sie lautern Trank
Den Helden zu Handen.

Hygelak begann nun
In der hohen Halle   den holden Gefährten
Freundlich zu fragen;   Fürwitz trieb ihn,
Wie der Seegeaten   Seefahrt ergangen sei:
„Wie gelang dir die Reise,   lieber Beowulf,
Da du nach ferner   Fahrt dir gedachtest
Siegruhm zu suchen   jenseits der See,
Kampf in Heorot?   Konntest du Hrodgarn
Das weltkunde Weh   ein wenig büßen,
Dem hehren Herscher?   Herzeleid zehrte mich
In wallender Sorge,   denn am Siege verzweifelt' ich
Des lieben Mannes: lange bat ich dich,
Den schaurigen Gast   unbeschwert zu laßen:
Die Süddänen sollten   sich selber wehren
Im Kampfe mit Grendeln.   Ich sage Gott nun Dank,
Daß ich so gesund   dich wiedersehen durfte.“

Beowulf sprach, der Geborne Ecgtheoms:
„Nun kann wohl kund sein, König Hygelak,
Der Männer Manchem, da wir maßen die Kraft,
Wie wir die Weile auf dem Walplatz verbrachten,
Ich und Grendel. Viel Grund erst hatt er
Den Siegschildingen zur Sorge verliehen,
Viel Harm fürs Leben: meine Hand nun rächt' es.
So darf nicht großthun von Grendels Sippen
Auf Erden Einer dieses Uchtlärms wegen,
Der am Längsten lebt des leidigen Geschlechts,
Denn Gefahr befängt ihn!

Zuvörderst kam ich
Zu der hohen Halle Hrodgarn zu begrüßen,
Wo sogleich mir Healfdens erhabner Sohn,
Da kaum Ihm kund ward, warum ich gekommen war,
An des Sohnes Seite den Sitz bestimmte.
Das Volk war fröhlich: ich erfuhr in der Welt
Unter des Himmels Hälfte bei Hallsitzenden
Nie mehr der Methlust, da die mächtige Königin,
Der Völker Friedeschirm bald die Flur durchschritt,
Die Söhne zu ermuntern, und der Mannen Etlichen
Ringschmuck schenkte eh sie zum Sitze gieng;
Bald den ältern Tapfern die Tochter Hrodgars
Nach der Ordnung allen den Aelbecher reichte;
Freaware von den Flursitzenden
Hört' ich sie geheißen, als sie herrliche Schätze
Den Helden hinbot. Verheißen war sie
Mit Gold begabt dem guten Sohne *Frodas*.
Unter Hrodgars Obhut, des alten Schildingen,
War sein Reich gestellt; auch rühmte man wohl,
Wie er mit der Tochter Hand die Todfehde gesühnt
Der verfeindeten Völker. Freilich mag selten,
Wenn ein Volk erlegen ist, auf lange Zeit
Das Racheschwert rasten, wie ruhmwerth die Braut sei.

29. Ingeld

„Missbehagen wird es bald dem Headobardenfürsten
Und dazu den Degen des bezwungenen Volkes,
Wenn an der Fürstin Hand die Flur betritt
Ein dänischer Heldensohn in der Höflinge Schar,

Der frech sich gürtet mit seiner Väter Erbe,
Dem herrlichen Kleinod der Headobardenkönige,
Derweil sie der Waffen walten durften
Bis sie in den letzten Lindenkampf verleitend missten
Die edeln Gefährten mit dem eigenen Leben.

Dann spricht wohl beim Bier, erblickt er den Schmuck
Ein alter Eschkämpe, dem Alles gedenkt,
Der Guten Geertod (ihm ist grimm zu Muth!) –
Jammernd beginnt er dem jungen Kämpen
Nach seiner Gesinnung den Sinn zu erforschen;

Seine Wuth zu wecken solche Worte spricht er:
„Kannst du, mein König, das Kampfschwert schauen,
Das dein Vater vormals im Gefechte trug
Unter dem Lindenschild das letzte Mal,
Das theure Eisen, als ihn die Dänen schlugen

Die der Walstatt walteten (Wiedervergeltung schlief
Nach der Fürsten Fall), die frechen Schildinge?
Nun stolziert im Saal ein Sohn dieser Mörder,
Ich weiß nicht welches, thut wichtig mit dem Schmuck,
Pocht auf den Mord und prunkt mit dem Kleinod,

Das du selbst besitzen solltest dem Rechte nach.“
So mahnt und meistert er ihn zu mancher Zeit
Mit strafenden Worten bis die Stunde kommt,
Daß der fremde Fürst für seines Vaters Thaten
Nach der Schwerter Biß blutfarb schlummert,

Des Lebens verlustig. Aber leicht von dannen
Entkommt der Kühne: er kennt das ganze Land.

Gebrochen alsbald   werden von beiden Seiten
Nun der Edlinge Eide.   In *Ingeld* muß dann
Die Wuth aufwallen,   da des Weibes Liebe

In des Kummers Qual   ihm kühler ward.
Darum halt ich die Huld   der Headobarden
Den Dänen nicht für truglos,   noch diese Verschwägerung,
Nicht für fest die Freundschaft.

„Aber fürder will ich
Von Grendel reden,   damit du ganz erfährst,
Spangenspender,   wie sich später verlief
Der Helden Handgemenge.   Als des Himmels Edelstein
Ueber die Gründe glitt,   da kam der grimme Gast,
Der üble Abendschreck   uns zu besuchen,
Die die hohen Hallen   noch heil bewachten.
Da drohte sein Handschuh den Helden Gefahr:
Dem Tode verfallen   war der Vorderstliegende,
Der gegürtete Kämpe: Grendel mordete
Den werthen Weigand,   den weitberühmten,
All den Leib verschlang er   des lieben Mannes;
Doch nicht geliebt' es ihm,   daß er mit leerer Hand
Schon aus dem Goldsaal   gehen sollte,
Der blutgezahnte Mörder   auf Bosheit sinnend,
Sondern Mich erkor er,   seiner Kraft vertrauend.
Schon streckt' er die starre Hand;   sein Stauche hieng
Weit und geräumig   an Wunderriemen fest.
Auch war er nicht   ohne Einsicht bereitet
Mit Teufelskräften   aus Drachenfellen;
Dahinein nun mich,   den Unschuldigen,
Das thatfreche Thier   zu thun gedachte
Mit manchem Andern.   Doch vermocht er es nicht,
Als ich ingrimmig   mich aufrichtete.
Zu lange wär das Lied,   wie dem Leuteschädiger
Ich Handlohn reichte   für die Harmthaten all.
Da hab ich deine Helden,   mein Herr und König,
Nach Würden gewehrt.   Zwar entwand er sich mir;

Doch nicht lange mehr lacht' ihm des Lebens Wonne,
Denn zurück war ihm die Rechte geblieben,
Die Hand in Heorot, und gehöhnt entweichend
Sank er jammermüthig auf des Meeres Grund.

„So kühnen Kampf hat der König der Schildinge
Mit gediegnem Golde mir gütig gelohnt
Und manchem Kleinod, als der Morgen kam
Und wir beim Schmause saßen und zechten.
Da war Hall und Schall. Bald hub der alte Schilding,
Der vielerfahrene, von fernen Zeiten an;
Bald begann ein Held der Harfe Wonne
Lustsam zu wecken, bald ein Lied zu singen
Süß und schaurig; Geschichten erzählte bald
Der Wahrheit gemäß der weitherzge König.
Ein ander Mal hörten wir den altergebundenen
Greisen Krieger von des Kampfes Strenge
Der Blüthe melden, daß die Brust ihm schwoll,
Wenn der Winterreiche der Wagnisse gedachte.
So saßen wir im Saale den sonnenlangen Tag
Den Genuß erneuend. Die Nacht befiel nun
Die Erde abermals. Da eilte sogleich
Zu grimmer Rache Grendels Mutter:
Sorgenvoll schritt sie, da der Tod den Sohn ihr nahm
Und der Wedern Kampfgrimm. Ihr Kind rächte
An der Edeln Einem die Ungeheure,
Den sie wüthig würgte. Dem weisen Aeskher,
Dem vielerfahrnen entfloh das Leben.
Da mochten nicht einmal, als der Morgen kam,
Die Dänenleute des Todten Hülle
Mit Brand verbrennen, den Bühel ihm schlichtend,
Dem lieben Verlornen, da der Leib des Helden
Unter den Felsstrom entführt war von des Feindes Sippe.
Das härmte Hrodgarn als das herbste von allen
Leiden, die lange gelastet auf dem Helden.
Da umhalste mich der Fürst und flehte harmvoll

Mich bei Deinem Leben,   daß ich im Drang der Flut
Reckenschaft übte   und den Ruhm zu mehren
Das Leben wagte,   großen Lohn verheißend.

Nun weiß man weithin,   als ich im Wellenschlund
Die grausvolle Hirtin   des Grundes fand,
Wie wir da handgemein wurden   eine Weile lang.
Von Blut schwoll die See: da entschlug ich das Haupt
Der Mutter Grendels   in der Grundhalle dort

Mit scharfem Schwert.   Nicht sanft zwar mocht ich
Das Leben lösen;   doch leb ich noch.
Da schenkte mir abermals   der Edlinge Schirm
Viel herrliche Kleinode   Healfdenes Sohn.

30. Hygelak

„So lebte der Volksfürst   nach Fug und Recht:
Ich hatte den Lohn   nicht verloren an ihm
Meiner Kraft und Kühnheit,   sondern Kleinode gab mir
Der Sohn Healfdens   in meines Herzens Macht,

Die ich dir, mein Gebieter,   darbringen will
Und gerne gönnen: ganz allein an dir
Liegt meine Wonne;   denn wenig hab ich
Der Hauptverwandten,   außer Hygelak dir!"

Da ließ er hereintragen   das Eberhauptzeichen,

Den heerfesten Helm   mit Halsberg und Brünne
Und das gute Schwert;   und so begann er zu sprechen:
„Von Hrodgarn erhielt ich   diese Heerrüstung;
Der erfahrne Fürst   befahl mir dabei
Ueber ihren Ursprung   dir Auskunft zu geben.

Sie hatte zuvörderst   Hrodgar der Fürst,
Der Schildinge Leiter,   eine lange Frist;
Doch seinem Sohne schenken   mocht er nicht,
Dem harten Heoroweard,   wie hold er ihm auch war,
Die Brustbedeckung.   Gebrauche du sie wohl!"

Diesem Rüstschmuck ließ er der Rosse vier
Auf dem Fuße folgen, völlig gleiche,
Apfelfahle; zu eigen gab er ihm
Ross und Rüstung. So berathe man den Blutsfreund!
Daß nicht Einer dem Andern mit Arglist nachstelle,
Mit finsterm Frevel den Fall bereite
Dem Handgestallen! Dem Hygelak war,
Dem harten Heermann, gar hold der Neffe,
Und Einer dem Andern der Ehren gedenk.

Von dem Halsring hört' ich, daß er der Hygd ihn schenkte,
Das werthe Kleinod, das ihm Wealchtheow gegeben,
Die hehre Herrin. Und drei Hengste fügt' er,
Schwarz und sattelschön, dem Schmuck hinzu,
Dem blinkenden Baug, der die Brust ihr zierte.

So in Ehren blühte da der Geborne Ecgtheows,
Der kampfberühmte Mann durch mildes Geben.
All sein Thun war besonnen; nie schlug er trunken
Die Heerdgenoßen; nicht herb war sein Sinn,
Ob die meiste Kraft auch unter allem Männervolk
Als vollgültige Gabe Gott ihm geschenkt,
Dem schnellen Kämpen. Verschmäht war er lange,
Daß ihn der Geaten Söhne nicht gelten ließen,
Noch auf der Methbank der Männer König
Ihn ehren wollte den Andern gleich.
Sie ziehen ihn wohl, daß er verzagt wäre,
Ein unwerther Edling. Abbitte geschah
Dem Ruhmreichen des Geredes nun all.

Da hieß der Helden Schirm in die Halle bringen,
Der hochberühmte Herscher, Hredels Erbe,
Das goldgeschmückte; bei den Geaten war
Kein Schatzkleinod schöner in Schwertgestalt.
Das band er an den Busen dem Beowulf
Und schenkte dem Sieger noch siebentausend

Mit Burg und Gebieterstuhl.   Ihnen beiden war
Das Land gemeinsam   und die Leute dazu;
Aber der Eine war näher   zu dem adeligen Stammgut,
Und darum würdiger   des weiten Reiches.

Der Drachenkampf

31. Der Drache

Es fügte sich nun   in folgenden Tagen,
Daß im Heergetümmel   Hygelak sank,
Und die scharfen Schwerter   seinem Sohne Heardred
Unterm Lindenrand   das Leben razbten.

Mit siegreichen Scharen   suchten ihn heim
Die herben heerkühnen   Headoschilfinge
Und würgten nieder   den Neffen Hererichs.
Da ward dem Beowulf   das breite Reich
Zu Händen gegeben: er hielt es wohl

Funfzig Winter.

Er war ein weiser König,
Ein alter Erbwart,   als Einer begann
Als Drache zu toben   in düstern Nächten,
Welcher des Hortes   Haufen bewachte
Im starren Steinberg.   Ein Steig lief einwärts
Allen unkund.   Dahinein gieng ein Mann,
Ich weiß nicht welcher.

Nicht freiwillig sucht' er   die Fülle des Wurmhorts,
Nach eigenem Antrieb,   der ihm übel bekam:
Er floh genöthigt,   ich erfuhr nicht vor welchem
Der Heldensöhne,   der ihm Haß erbot.

Deren war da viel
In der Erdhöhle,   der alten Schätze,
Die vor manchen Jahren   der Männer Einer
Als altes Erbe   eines edeln Geschlechts
In bangen Gedanken   da verborgen hatte,
Die theuern Kleinode.   Der Tod nahm ihm Alle
In alten Tagen   und Er, der letzte,
Der am längsten lebte   des erlauchten Geschlechts,
Beweinte die Freunde.   Zu fristen wünscht' ers,
Daß er eine kurze Zeit noch   die Kleinode
Gebrauchen dürfte.   Den Berg dazu bereit
Fand er auf den Fluren,   den Flutwellen nah,
Kräftig gestützt   auf Klippengestein.
Da trug hinunter   die Edlingsschätze
Des Hortes Hüter   in schweren Haufen
Des gelben Goldes   und begann zu sprechen:

„Halte nun, Erde,   da es die Helden nicht dürfen,
Der Edlinge Eigenthum: habens einst auf dir
Doch die Werthen gewonnen!   Waffentod nahm,
Grimmer Geerkampf hin   die Guten alle.
Das Leben ließen   meine lieben Sippen,
Sie sahen des himmlischen   Saales Lust.
Wer schwänge nun das Schwert,   die Schale wer leerte sie,
Das theure Trinkgefäß?   Die Tapfern sind kraftsiech!
Diesem harten Helme,   dem hellvergoldeten,
Entsinke der Schmuck: sie schlafen todwund,
Die in diesen Halsberg   sich hüllen sollten:
So mag auch das Kriegskleid,   das im Kampf ertrug
Der Schwerter Biß   nach dem Bruch des Schildes,
Mit dem Recken rasten.   Der Ringbrünne kann
Nach der Weigande Fall   nicht weit mehr fahren
Den Helden zu Hülfe.   Der Harfe Wonne schweigt
Und des Sängers Sang;   nicht schwingt sich der gute

Habicht um die Halle, das hurtige Ross stampft
Den Burghof nicht mehr. Ein böser Tod hat
Der Befreundeten viel uns früh geraubt!“

So jammermüthig ergieng sich in Klagen
Der Eine nach Allen. Unfroh verbracht er
Tag und Nacht, bis des Todes Hand
Das Herz ihm rührte.

Die Hortwonne fand dann
Der alte Uchträuber offen stehen,
Er der da brennend die Berge heimsucht,
Der nackte Neiddrache, der in Nächten umfliegt
Von Feuer umfangen.

Dreihundert Winter hatte so der Wütherich
Das Horthaus inne in des Hügels Grund,
Allen überstark, bis einst ihm ergrimmte
Jener Mann das Gemüth. Dem Mächtigern trug der
Die gediegne Schale und ersucht' um Frieden
Den abholden Herrn. Da ward der Hort bestohlen,
Mancher Ring geraubt und Ruhe gewährt
Dem friedlosen Manne. Der Fürst erschaute
So altes Menschenwerk zum ersten Male.
Als der Wurm erwachte, seine Wuth brach aus:
Er beroch den Stein, mit starken Sinnen
Fand er des Feindes Spur, der auch fernerhin noch drang
Dicht in Dunkel gehüllt bis zu des Drachen Haupt.
So mag ein Glücklicher leichtlich vollenden
Ein gewagtes Werk, wenn ihm des Waltenden
Huld sich erhält.

Der Hortwart durchsuchte
Begierig den Grund. Er fände gern den Mann,
Der ihm im Schlafe den Schaden gewirkt.
Hitzig mit herbem Muth den Hügel umkreißt' er
Von außen all: nicht Ein Mann war

Auf der weiten Haide. Doch heischt' er Rache
Und wilde Verwüstung. Wieder im Berge jetzt
Nach dem Schatze sucht' er. Nun sah er deutlich:
Gepfändet hatt ihn ein Frecher des Goldes,
Der hehren Kleinode. Der Hortwart verweilte
In Ungeduld bis der Abend kam.
Da schwoll in Bosheit des Berges Hirte:
Viel Leuten gedacht er mit Lohe zu vergelten
Das theure Trinkgefäß. Nun war der Tag entflohn,
Nach des Wurmes Wunsch: da wollt er nicht länger
Im Berge bleiben: brennend fuhr er aus
Vom Feuer geflüchtigt. Furchtbar war der Anfang
Den Leuten im Lande; wies im Verlaufe dann
An ihrem Schatzspender schmerzlich geendet ward.

32. Heardred

Da begann der Gast mit Glutenspeien
Burghöfe zu verbrennen: der Brand stralte rings
Den Leuten zum Leide. Nichts Lebendes wollte
Der leide Luftflieger übrig laßen mehr.

Des Wurmes Wüthen war weithin sichtbar,
Des frechen Feindes Angriff, so fern als nahe,
Wie der Geaten Volk der grimme Versehrer
Haßte und höhnte. Zum Horte schoß er nieder,
Zur heimlichen Halle, eh sich hellte der Tag.

Die Landleute hatt er dann mit Lohe befangen,
Mit Brand und Brunst. Seinem Berge vertraut' er
Als wehrendem Wall; doch der Wahn betrog ihn.

Da ward dem Beowulf entboten der Schrecken,
In aller Eile, daß sein eigenes Haus,
Der Gebäude bestes, in Brandwellen schmolz,
Der Geaten Gabenstuhl. Dem Guten schuf das

Herben Harm, der Herzsorgen gröste.
Der Weise wähnte, den Waltenden hätt er
Wider das alte Recht, den ewigen Fürsten,
Bitterlich aufgebracht. Im Busen wallten ihm
Düstre Gedanken, wie sie vordem nicht gethan.
Des Volkes Vesten hatte der Feuerdrache,
Und all das Eiland draußen, bis zur Erde nieder
Mit Gluten verwüstet: das grimmig zu rächen
Sann der Kampfesfürst, der König der Wedern.

Da hieß sich wirken der Weigande Schirm
All von Eisen, der Edlinge Fürst,
Einen wunderbaren Wehrschild. Er wuste wohl,
Daß ihm das Holz des Waldes nicht helfen konnte,
Die Linde gegen die Lohe. Die verliehnen Tage
Sollte da beenden der ehrengute Fürst,
Dieß weltliche Leben, und der Wurm mit ihm,
Wie lange er den Hort auch behalten hatte.

Das verschmähte jedoch der Schatzvertheiler,
Den weithin fliegenden mit Wehrvolk zu suchen,
Mit großem Heer. Ihm graute vor Kampf nicht,
Daß er des Wurmes Wuth für wenig achtete,
Seine Kraft und Stärke. Der Stürme hatt er viel
Zuvor gefochten, und gefährliche,
Manchen kühnen Kampf, seit er König Hrodgars
Saal gesäubert, des Sieges froh,
Und Grendels Mutter im Moor getilgt,
Das leide Geschlecht. Nicht das leichteste wars auch
Der Handgemenge, in welchem Hygelak fiel,
Als der Geaten König im Kampfessturm,
Der Freund des Volks, in den Frieslanden starb
Unter Schwertschlägen, der Sohn Hredels,
Vom Beil getroffen. Beowulf entkam
Der Schwimmkunst vertrauend, durch selbsteigne Kraft.

Am Arme hielt er alleine dreißig
Gestrickte Streithemden, als er den Strand erreichte.
Doch durften die *Hetwären* nicht hoch sich rühmen
Ihres Fußgefechtes, die zuvor ihm entgegen
Die Ränder gerichtet: es entrannen nicht viele
Dem hehren Helden die Heimat zu suchen.
Den Sund durchschwimmend kam der Sohn Ecgtheows
Allein und verlaßen zu den eigenen Leuten,
Wo Hort und Herschaft Hygd ihm antrug,
Burg und Gebieterstuhl: ihr bangte, daß ihr Sohn
Der Väter Erbsitz gegen Völker draußen
Nicht behaupten könnte nach Hygelaks Tod.
Doch Land und Leute erlangten es nicht
Von dem Edelinge mit allem Bitten,
Daß er des jungen Heardred Herschaft an sich nähme,
Und die Königswürde bekleiden möchte:
Er pflegt' ihn im Volke mit freundlicher Lehre
Und ehrt' ihn huldvoll, bis er älter geworden
Der Wedergeaten waltete. Da kamen Widersacher
Ueber See ihn zu suchen: dem Sohne Ochthers
Hatt er Aufnahme gewährt wider den Obherrn der Schilfinge,
Den allerseligsten der Seekönige,
Die je bei den Schweden Schätze vertheilten.
Das gerieth zum Unheil dem berühmten König:
Ihn traf unschuldig die Todeswunde
Unter Schwertschlägen, den Sohn Hygelaks.
Umwandte sich eilend Ongentheows Sohn
Die Heimat zu suchen, als Heardred erschlagen war:
Beowulf erhielt da den Gebieterstuhl
Ueber die Geaten zu herschen: das war ein guter König!
Seiner Volkshaufen Fall in folgenden Tagen
Zu ahnden gesonnen, versagt' er dem Eadgils nicht,
Dem sorgenden, Hülfe; er sandt ihn mit Kriegsvolk
Ueber die salzge See, den Sohn Ochthers,
Mit Rossen und Rüstungen, daß er Rache fand
In kalten Kummerfahrten, und der König erlag.

33. Hredel

So war er gar vielen Gefahren entronnen,
Viel schweren Schlachten, der Sohn des Ecgtheow,
Mit der Arme Kraft, bis auf den Einen Tag,
Wo er wider den Wurm sich wehren sollte.

Da gieng selbzwölfter von Zorn erfüllt
Der Walter der Wedern, den Wurm zu schauen.
Erfahren zuvor hatt er der Feindschaft Ursprung,
Des Unheils seiner Helden: aus der Hand des Entwenders
War das kostbare Kleinod ihm zugekommen.

Von den Degen war dieser der dreizehnte,
Er, der des Uebels Anfang verschuldet;
In Banden jammernd gieng er des Hohnes Ziel,
Ihnen den Weg zu weisen widerwillig,
Weil Er alleine den Erdsaal wuste,

Die unterirdische Höhle unweit der See,
Der tobenden Flut. Erfüllt war er innen
Mit herrlichen Schätzen; doch ein unheimlicher Wächter,
Ein kampfkühner, hielt die Kleinode in Hut,
Ein alter, unter der Erde. Nicht allzu leicht wars,

Das Gut zu erlangen der Leute Einem.

Bei der Klippe der kampfharte König saß,
Heil zu entbieten den Heerdgenoßen,
Der Geaten Goldfreund. Sein wanker Geist
War trüb und todbereit. Schon trat Wurd heran,
Die bald den Greisen grüßen sollte,
Der Seele Hort zu suchen und zu scheiden beide,
Leib und Leben. Nicht lange mehr blieb noch
In Fleisch gewunden des Fürsten Seele.

Beowulf sprach, der Geborne Ecgtheows:
„Viel Kämpfe hab ich in der Kraft der Jugend,
Viel Unheil überstanden: des allen gedenk ich nun.

Sieben Winter zählt ich als mich der Schatzvertheiler,
Der Fürst der Völker, meinem Vater entnahm.
Da hielt und hegte mich Hredel der König,
 Gab mir Schatz und Kost, der Sippe gedenkend.
Nicht war ich ihm lebenslang ein leiderer Mann
In Bau und Burg als der Gebornen Einer,
Herebeald und *Hädkynn* und mein *Hygelak*.
Seinem Aeltesten ward ungeziemend
 Das letzte Bett gestreut von des Bruders Hand,
Da *Hädkynn* ihn vom Hornbogen
Den fürstlichen Freund mit dem Pfeil erlegte:
Das Merkziel missend aus mordlicher Hand
Traf Bruder den Bruder mit blutiger Spitze.
 Unsühnbar war der Schuß, ein sündhafter Frevel,
Herzbrechend Hredeln: der Held ja muste,
Der junge Edeling, ungerochen sterben.
Zu graunvoll wär es dem greisen Fürsten,
Wenn er leiden sollte, daß sein liebes Kind
 Jung den Galgen ritte: dann begänn er ein Klagelied,
Gar sorglichen Sang, wenn der Sohn ihm hienge
Den Raben zum Raub, und er Rettung ihm
Vor Alter unkräftig irgend nicht wüste.
Jeden Morgen gemahnt im Gemüth ihm nun
 Seiner Abkunft Ausgang. Keinen Andern mehr
Hofft er im Hause behalten zu mögen
Als des Erbes Pfleger, wenn der Eine so
In der Todesnoth die That gebüßt hat.
Vorsorgend sieht er in des Sohnes Haus
 Den Wonnesaal wüst, vom Wind durchstürmt,
Des Rauchs beraubt; der Reiter schlummert
Im Heldenhügel; Harfenklang gebricht,
Sang in den Sälen, wie es sonst dort war.
Dann geht er zum Lager sich leidvoll härmend
 Nach dem Einen der Eine: ihm ist Alles zu weit,
Hof und Halle. So nach *Herebeald*
Trug der Wedern Helm des Herzens Kummer

Wallend im Busen. Doch wollt er des Leides
Nicht Sühne suchen an des Schuldigen Haupt.
    Nicht kränken konnt er den Kampfeshelden
Mit leiden Thaten, liebt' er ihn gleich nicht mehr.
Da mit so schweren Sorgen dieser Schmerz ihn betraf,
Ließ er der Erde Lust und erkor das Licht Gottes.
Den Kindern ließ er wie Könige pflegen,
    Land und Leuteburg, da er vom Leben schied.

Nun suchten sich Geaten und Schweden heim
Ueber das weite Waßer in wüthigem Kampf,
Zu herbem Heerstreit nach Hredels Tod,
Da die edeln Kämpen König *Ongentheows*,
    Die fahrtschnellen Helden, nicht Frieden wollten
Uebers Haf hin halten und beim *Hreosnaberg*
Mit ingrimmem Anfall oft uns bedrohten.
Da rächten wohl meine Verwandten und Freunde
Frevel und Fehde wie es volkskund ist;
    Doch entgalt es der Eine mit dem eigenen Leben,
Ein herber Kaufpreis: dem *Hädkynn* ward,
Dem König der Geaten der Kampf verderblich.
Doch erfuhr man am Morgen, daß ein Vetter den andern
Mit des Schwertes Schärfe an dem Schuldigen rächte,
    Als den Ongentheow Eofors Angriff ermüdete.
Sein Helm war zerbrochen, bleich zur Erde fiel
Der alte Schilfing: ihm schien die Faust
Und die Fehde schwer genug: er entschlug nicht den Todesstreich.

34. Beginn des Kampfes

    „In diesem Kriege konnt ich dem König die Schätze,
Die er an mich gewendet, wohl alle vergelten
Mit lichtem Schwerte. Land gab er mir
Und Erbsitzwonne: darum war ihm nicht Noth

Bei den *Gifden* oder bei den Geerdänen,
Oder im Schwedenreich einen geringern Söldner
Sich aufzusuchen und mit Schatz zu erkaufen;
Da Ich seinem Fußvolk vorkämpfen wollte
Allein an der Spitze wie ich spät im Alter noch will

Im Streite stehen, weil dieser Stahl mir währt,
Der mir oftmals aushielt eh und seitdem,
Da ich vor den Degen den *Dagräfn*,
Den Helden der Hugen, hinwarf und tödtete.
Er sollte den Schmuck dem Schirmherrn der Friesen,

Die Brustzierde nicht bringen dürfen,
Sondern im Streit erstarb der Standarthüter,
Der rasche Recke. Ihn raffte das Schwert nicht:
Mit der Hand griff ich ihm in des Herzens Wallen
Und zerbrach das Beinhaus. Das Beil soll mir nun,

Die Hand und das harte Schwert den Hort erkämpfen."

Beowulf begann, Erbotworte sprechend
Zum letzten Male: „In der Jugend maß ich oft
Mich mit werthen Helden; nun will ich im Alter
Als meines Volkes Wart noch Fehde suchen
Und Lob erlangen, wenn der Leuteschädiger
Aus seinem Erdsaal mich hier außen suchen kommt."

Da grüßt' er noch Jeglichen der Geatenmänner,
Der liebe Landfürst zum letztenmale,
Die süßen Gesellen:

„Kein Schwert wollt ich tragen
Wider den Wurm wüst ich nur eins:
Wie ich dem übeln Unhold anders möchte
Den Grimm vergelten, wie ich Grendeln that.
Aber heiße Kampfglut muß ich hier erwarten,
Gift und Geifer: darum geh ich auch gewappnet
Mit Schild und Brünne. Des Berges Hirten

Will ich nicht fliehn, den Feind, eines Fußes breit,
Werd es mit uns beiden wie es *Wurd* gebeut,
Die aller Menschen waltet. Des Muthes bin ich,
Wider diesen fliegenden Feind nicht ferner zu pralen.
Harrt vor dem Hügel vom Harnisch beschützt,
Ihr Biedern in der Brünne, wer am Besten sich
Von Wunden erholen wird auf dem Walplatz hier
Unter uns beiden. Nicht euer Werk ists,
Noch einem Manne gemäß außer mir allein,
Wider diesen Unhold den Arm zu gebrauchen
Und wehrlich zu werben. Ich will das Gold
Rühmlich erringen oder es raffe der Tod,
Der furchtbare Lebensfeind, den Fürsten euch."

Da riß sich vom Rand empor der ruhmvolle Kämpe,
Herrlich Helm und Harnisch tragend
Unter die Steinklippen; der Stärke vertrauend
Des Einen Mannes: das übt kein Feiger.
Da sah an der Bergwand der Biedererprobte,
Der soviel Gefahren zuvor bestanden,
Viel Schlachten geschlagen wo die Scharen tobten,
Einen Steinbogen stehn und einen Strom darunter
Aus dem Berge brechen: der Brunnquell wallte
Von heißem Feuer. Zum Horte konnte
Keinen Augenblick, wer nicht verbrennen wollte,
In die Tiefe kommen vor des Drachen Feuer.
Da entließ der Brust, erbost wie er war,
Der Wedergeaten Fürst ausfordernde Worte:
Das starke Herz stürmte: die Stimme drang
Grimmvoll gellend unter den grauen Stein.
Der Haß war erzeugt: der Hortwart erkannte
Des Mannes Stimme; hiemit war da länger
Nicht Frist zum Frieden. Da fuhr zuerst
Des übeln Unholds Athem aus dem Stein,
Ein heißer Brodem: der Hügel erdröhnte.
Unter den Berg da brachte Beowulf den Schild

Gegen den graunhaften Gast, der Geaten Herscher.
Da war rasch bereit des Ringbogigen Herz
In den Streit zu stürzen. Den Stahl zog hervor,
Das alte Erbstück, der edle Kampffürst,
Mit bitterer Schneide. Beide hatten sie
Vor einander Furcht, die feindlich gesinnten.
Starkmüthig stand unter dem starrenden Rand
Der Wedern König. Der Wurm zog sich
Rasch zusammen; gerüstet erharrt' er ihn:
Da kam er brennend in Bogen geschritten,
Sein Geschick beschleunigend. Der Schild barg leider
Leib und Leben dem Leutefürsten
Nur kürzere Frist als der König gewähnt,
Als er in der Frühe des Gefechts mit dem Wurm
Zu walten gewillt war; Ihm beschied es Wurd nicht.
Stolz im Streite streckte die Hand
Der Geaten König: den grausbunten schlug er
Mit Ingwis Nachlaß. Doch abglitt die Schneide
Von dem Bein, die braune, und biß nicht so scharf,
Als des bedurfte im Drang des Kampfes
Der bekümmerte König. Da kam des Berges Wart
Nach dem grimmen Schlage in großen Zorn.
Wild warf er Feuer aus, daß weithin schoß
Der Lohe Lichtglanz. Frohlocken durfte nicht
Der Goldfreund der Geaten: das gute Schwert versagt' ihm
Nun in der Noth, wie es nimmer gesollt,
Das edle Eisen. Aber unleicht geschah es,
Daß der berühmte Abkömmling Ecgtheows
Aufgeben wollte diese Erdgefilde
Und mit seinem Willen andre Wohnung suchen,
Wie alle Menschen doch endlich diese Tage,
Die geliehnen, laßen. Nicht lange währt' es,
So maßen sich wieder die vermeßnen Streiter,
Da den Busen blähend vorbrach der Hortwart
Mit neuem Grimme. Noth erduldete,
Von Feuer umfangen, der einst dem Volk gebot.

Nun naht' ihm nicht der Nothgestallen Schar,
Die jungen Edlinge: nicht um ihn standen sie
Zu wehrlichem Kampf; im Walde gedachten sie
Ihr Leben zu bergen. Einem Biedern nur wallte
Der Sinn in Sorgen, denn der Sippe Macht
Weiß nichts zu wenden dem Wohlgesinnten.

35. Wiglaf

Wiglaf war es, *Weochstans* Sohn,
Der liebe Lindkämpe, ein Lenker der Schilfinge,
Aelfhers Verwandter. Er gewahrte, daß sein König,
Unter dem Harnische Hitze erduldete.

Da gedacht er des Gutes, das er ihm gab vordem:
Die wonnige Wohnstatt der *Wägmundinge*,
Und viel der Volksrechte, die sein Vater beseßen.
Er verhielt es nicht länger, den Handschild ergriff er,
Die gelbe Linde, und das gute Erbschwert,

Das als *Eanmunds* Nachlaß die Edlinge kannten,
Des Sohnes *Ochthers*: in der Schlacht ward ihm,
Dem Wonnelosen, *Weochstan* zum Mörder.
Mit der scharfen Schneide dem Sippen entführt' er
Den braunschönen Helm, die geringte Brünne

Und das alte Eotenschwert, das ihm *Onela* gegeben,
Seines Verwandten Waffenrüstung,
Das herrliche Heergeräthe. Seinen Haß besprach er nicht,
Obgleich er des Bruders Geborenen tödtete.
Nun behielt er den Hort der Halbjahre viel,

Schwert und Harnisch, bis sein Sohn vermochte
Eorlschaft zu üben wie einst sein Vater.
Kampfgewande gab er ihm im Geatenreiche,

Aller Art unzählige   eh er vom Leben schied,
Im Alter von der Erde.

Das war das erste Mal,
Daß der junge Krieger   des Kampfes Sturm
Mit seinem Gabengeber   beginnen sollte.
Da schmolz ihm weder   der Muth, noch wich ihm
Seines Vaters Waffe,   der Wurm empfand es,
Als sie sich versuchen   sollten im Kampfe.

Wiglaf begann   der Wortreihen viel
Und sprach zu den Gesellen   mit jammerndem Sinn:
„Mir gedenkt im Gemüth,   als wir den Meth empfiengen
Was wir verheißen haben   unserm Herrn und Gebieter
Wenn er Ringe uns Recken   reichte im Methsaal,
Wie wir gerne die Gaben   ihm vergelten wollten,
Die Waffengewande,   würd es ihm Noth,
Helme und harte Schwerter.   Aus dem Heere wählt' er uns
Zu dieser Ausfahrt   nach eigenem Willen,
Weil er uns für gute   Geerkämpfer ansah,
Für herbe Helmträger,   wenn unser Herr auch gleich
Allein für uns alle   dieß Edlingswerk
Zu vollführen gedachte,   des Volkes Hirte,
Der von allen Recken   das Rühmlichste wirkte,
Die tapfersten Thaten.   Nun ist der Tag gekommen,
Da unser Gebieter   des Beistands bedarf
Werther Weigande: nun wohl, laßt uns gehn denn,
Und dem Helden helfen   so lange die Hitze währt,
Die grimme Glutschauer.   Gott weiß an mir,
Daß es mir lieber ist,   wenn meinen Leib allhier
Mit meinem Goldgeber   die Glut verschlingt.
Eine Schande schien' es mir,   wenn wir die Schilde heim
Zu Lande trügen,   eh wir den leidigen
Feind hier fällten   und dem Fürsten der Wedern
Das Leben schirmten.   Das ließe übel
Zu den alten Bräuchen,   sollt Er allein

Von den Geatenhelden   den Harm erdulden,
Und im Streite sinken.   Uns soll Schwert und Helm,
Brünne und Bordschild   beiden gemein sein!"

Da rannt er durch den Rauch,   und trug den Rand
Dem Herrn zu Hülfe,   der Held, und sprach:
„Beowulf, geliebter,   leiste nun Alles
Was du vor Jahren   ein Jüngling sprachst:
So lange du lebtest,   ließest du nimmer
    Die Tugend entsinken.   Nun sollst du, Thatberühmter,
Viel edler Fürst,   mit voller Macht
Dein Leben lösen: ich leiste dir Beistand!"

Nach diesen Worten   kam der Wurm ergrimmt,
Der üble Unhold,   zum andern Male
    In Feuerfluten   die Feinde zu bestürmen,
Die leiden Männer.   In lichten Flammen brannte
Alsbald der breite Schild;   auch die Brünne konnte
Den jungen Geerkämpen   vor der Glut nicht schirmen.
Unter des Freundes Bordschild   barg sich der junge Mann
    In aller Eile,   da ihm den eigenen
Die Flamme geraubt.   Des Ruhmes gedachte da
Der kriegerische König,   und mit der Kraft Gestrenge
Schwang er das Schwert,   daß es am Schädel anstund
Durch des Hiebes Nachdruck;   aber *Nägling* zersprang
    Und versagt' ihm im Kampf,   die Klinge Beowulfs,
Die gute, grauhelle.   Nicht gegeben war es ihm,
Daß ihm der Schwerter   Schneiden durften
Im Handgemenge helfen.   Die Hand war zu stark,
Die jedwedes Kampfschwert,   wie es kund ist Männiglich,
    Im Streich übernahm,   wenn er zum Streit auch trug
Eine wunderharte Waffe;   ihm ward nicht wohler drum!

Da gedachte der Bedränger   zum drittenmale,
Der frevle Feuerdrache,   des feindlichen Ansturms.
Rasch auf den Ruhmvollen,   da er Raum ihm gab,

Fuhr er mit Feuergrimm   und umfieng den Hals ihm all
Mit bittern Bißen,   daß ihn blutig überspritzte
Der rothe Lebenssaft: er entrann ihm in Wogen.

36. Der Wurm gefällt

Da erfuhr ich, daß in der Gefahr   des Volksgebieters
Der junge Held   Hochsinn bewährte,
Kraft und Kühnheit,   angeborene, kund that.
Er hütete des Hauptes nicht,   und die Hand verbrannte

Der muthvolle Mann,   als nach seiner Macht er half.
Dabei traf er tiefer   den tückischen Gast,
Der Held im Harnisch,   daß ihm das herrlich geschmückte
Waffen in die Weiche drang   und ein wenig nachließ
Die grimmige Glut.   Da gewann auch der Geatenfürst

Seine Sinne wieder: er schwang das kürzere Schwert
Erbost und erbittert,   das er an der Brünne trug,
Und durchschnitt den Wurm,   der Wedern Schirm,
Daß er den Feind fällte   und die Feuerwunden rächte.
Die Kraft gebrochen   hatten ihm beide so

Die gesippten Fürsten.   So sollten sich immer
Helden zu Hülfe stehen.   Dem Herscher war das
Der letzte Siegkampf,   der ihm leider beschieden war
In dieser Welt zu wirken.

Die Wunde begann nun

Zu schwären und zu schwellen,   die ihm geschlagen war
Von des Drachen Feuer.   Da empfand er bald,
Daß ein böser Brand   in der Brust ihm wallte
Von dem giftgen Geifer.   Da gieng der Edeling
Mit weisem Bedacht,   sich an der Bergwand dort

Den Sitz zu suchen. Er sah der Riesen Werk,
Wie auf Ständer gestützt die steinernen Bogen
Im Innern das ewige Erdhaus hielten.

Da mühte sich der Jüngling, der ungemeßen gute,
Den lieben Gebieter, den blutüberlaufnen
Berühmten König, den der Kampf ermüdet,
Mit Waßer zu laben; auch löst' er den Helm ihm.
Beowulf begann nun, von dem Blute sprechend
Und der todbleichen Wunde; er wuste genau,
Daß er der Zeiten genugsam genoßen hätte,
Der Erdenwonne; ihm war zergangen
Seiner Tage Zahl, der Tod ganz nahe:
„Schenken sollt ich meinem Sohne jetzt
Die Waffengewande, wäre mir nur
Ein Erbe vergönnt, ein Abkömmling
Meines Leibes. – Dieß Land beherscht ich
Funfzig Winter. Kein Volkskönig war,
Von allen Umsitzenden nicht Einer mehr,
Der mich mit Heereskraft heimsuchen durfte,
Aengsten und drängen. In meinem Erbe harrt ich
Der Zeitgeschicke, hielt geziemend das Meine,
Uebte nicht Arglist, nicht Eide schwur ich
Jemals mit Unrecht. Nach dem Allen mag ich mich
An Todeswunden siech des Trostes freuen,
Daß der Walter der Völker mir nicht vorwerfen kann
Der Blutsfreunde Mord, wenn nun bald sich scheiden
Leib und Leben.

„Du lauf nun hurtig
Unter den grauen Stein, den Goldhort zu suchen,
Wiglaf, lieber, da der Wurm nun liegt,
Und erschlagen schläft des Schatzes beraubt.
Aber eile dich, daß ich die alten Kleinode,
Die Schätze noch sehe, erschaue zumal
Die schönen Gemmen, daß ich sanfter alsdann
Mein Leben laße vor dem lichten Golde,

Und Land und Leute, die ich lange beherschte."

37. Beowulfs Tod

Da hört ich, daß schleunig der Sohn Weochstans
Dem verwundeten Herrn aufs Wort gehorchte,
Dem kampferkrankten. Das Kriegsnetz trug er,
Die gestrickte Brünne, unter des Steines Dach.

Da sah er siegesfroh, als er zum Saale kam,
Der kühngemuthe Kämpe, der Kleinode Menge,
Sah das Gold auf dem Grunde gleißend lagern,
An der Wand manch Wunder und des Wurmes Bette,
Des alten Uchtfliegers Erbkrüge stehen:

Gefäße der Vorzeit, der Füllenden bar,
Mancher Zierden beraubt. Rosten sah man da
Manch alten Helm und der Armringe viel
An Schnüren aufgereiht. Reichthümer soll,
Das gleißende Gold ein Jeder der Menschen

Im Herzen verachten: hüt es wer da wolle!
Auch sah er dabei ein Banner allgülden
Ueber dem Horte hangen, der Handwunder gröstes,
Durch Liedstäbe siegreich. Ein Licht entstralt' ihm,
Daß er die Grundflur gänzlich erkannte,

Den Bau überblickte. Da blieb von dem Wurm
Keine Spur mehr zu schauen, den das Schwert gespaltet.

Da hört ich wie den Hort aus dem Hügel nahm,
Das alte Enzenwerk, der einzelne Mann,
Sich Becher und Schalen in den Busen schob,
Und bei sich barg; das Banner auch nahm er,
Das schimmernde Schlachtzeichen, und das erzgeschuhte Schwert
Des alten Erben (eisern war die Klinge),

Der dieser Hortschätze Hüter gewesen
Eine lange Zeit, und Lohschrecken wirkte,
Siedend heißen, den Hort zu beschützen
In Mitternächten, bis der Mord ihn traf.

Rasch war der Recke der Rückkehr begierig,
Von Schätzen geschleunigt. Er sehnte sich, zu schauen
Ob er den kühnen König noch lebend
Im Freien fände, den Fürsten der Wedern,
Wenn auch krank an Kräften, wie er ihn kürzlich verlaßen.
Da fand er den Hehren, als er die Hortschätze brachte,
Im Blute liegen an des Lebens Ende,
Den großen König. Er begann ihn aufs Neu
Mit Waßer zu bewerfen, bis ihm des Wortes Drang
Die Brust durchbrach. Da sprach Beowulf,
Der Greis im Gram, als er das Gold erblickte:

„Dieser Kleinode sag ich dem König der Ehren,
Dieses Horts dem Herrn der Himmel Dank,
Den ich überschaue, dem ewigen Fürsten,
Daß es mir vergönnt war dem Geatenvolke
Vor meinem Scheidetage den Schatz zu erwerben.
Da ich die rothen Ringe nun redlich bezahlte
Mit der Lebensflamme, so fördert nun Ihr
Der Leute Nothdurft; ich darf hier länger nicht mehr sein.
Einen Hügel heißt mir die Helden erbauen
Ueber dem Bühel blinkend an der Brandungsklippe,
Der mir zum Gedächtnissmal sich meinem Volke
Hoch erhebe über Hronesnäss;
Daß die Seefahrenden ihn schauend heißen
Beowulfs Burg, wenn sie die schäumenden Barken
Ueber der Fluten Nebel fernhin steuern."

Da hob vom Halse der herzstarke König
Den glänzenden Goldring und gab ihn dem Recken,
Dem jungen Geerkämpen mit dem goldschönen Helm
Und Baug und Brünne: „Gebrauche sie wohl!

Du bist der Endesproß unsres Geschlechts,
Der Wägmundinge. Wurd entführte all
Meine Freunde mir, die Männer der Kraft,
Zu der Seligen Saal! ich soll ihnen folgen."

Dieß war des Erlauchten letzte Rede
Aus gebrochner Brust, eh er den Brand erkor,
Die heiße Lohe. Vom Herzen wich ihm
Die Seele und suchte der Seligen Urtheil.

38. Der Verzagten Verfehmung

Da hatte Jammer den jungen Mann
Völlig befangen als er vor sich sah
Den Geliebtesten liegen an des Lebens Ende
Matt und müde. Auch der Mörder lag,

Der eisliche Erdwurm, übel getroffen,
Des Lebens ledig. Nicht länger durfte nun
Des Ringhorts walten der geringelte Wurm:
Erschlagen hatten ihn die schneidigen Eisen,
Die harten, haarscharfen, der Hämmer Nachlaß,

Daß der Weitflieger, durch Wunden gestillt,
Darnieder geneigt war nahe dem Hortsaale.
Nicht länger die Lüfte lohend durchbraust er
In Mitternächten auf den Machthort stolz
Sich blähend und brüstend: am Boden lag er,

Von des hehren Helden Händen erschlagen.
Das wär im Lande Wenigen gelungen
Der mächtigern Männer, meines Erfahrens –
Ob sie sonst zu Thaten auch tüchtig wären –
Des Giftigen Gluthauch sich entgegen zu stemmen,

Oder in den Hortsaal mit Händen zu stören,
Wenn sie wachend wüsten den Wächter unten

Im Berge geborgen. Auch dem Beowulf war
Sein Theil am Goldschatz mit dem Tode vergolten.
Der Eine wie der Andre hatte das Ende erreicht

Dieses geliehnen Lebens.

Nicht lange währt' es nun,
Bis die Streitflüchtigen das Strauchwerk verließen,
Der verzagten Zehn treubrüchige Zunft,
Die nicht wagen gewollt das Waffenspiel
In ihres Heerkönigs harter Bedrängniss.
Nun trugen sie voll Scham die Schilde dahin,
Die Streitgewande, wo der Gestorbne lag
Und schauten auf Wiglaf. Werkmüde saß
Der Fußfechter bei des Fürsten Achsel.
Ihn mit Waßer netzend; doch wirkt' er nichts damit.
Er mochte das Leben dem Leutefürsten nicht
Hienieden halten wie heiß er es wünschte,
Noch den Willen wenden des waltenden Gottes.
Sein Machtspruch wollte über der Menschen Jeden
Richten und rathen wie er räth hinfort.
Von dem jungen Helden war da herbe Antwort
Dem leicht zu erlangen, den der Muth verlaßen.

Wiglaf begann da, Weochstans Sohn,
Der harmvolle Held sah die Verhaßten an:
„Wohl mag nun sagen wer die Wahrheit sprechen will,
Daß dieser milde König, der euch die Kleinode gab,
Die Heerrüstung, in der ihr hier vor ihm steht,
Wenn er so manchem auf der Methbank euch schenkte,
Der Hallsitzenden, Helm und Brünne,
Der König seinen Kämpen, den kühnsten, die er irgend
Fern oder nah zu finden wuste –
Daß er gänzlich sein Gut vergeudet hatte,
Als es zum Kampfe kam, die Kriegsgewande!
Da mochte der Volksfürst seiner Fahrtgenoßen

Sich leise rühmen! Doch verlieh ihm Gott,
Der des Sieges waltet, daß er sich selber rächte
Allein mit dem Stahle, als ihm Stärke Noth war.
Nur wenig zu wehren wust ich sein Leben
In dem übeln Kampfe; doch unternahm ichs

Ueber Leibesgewalt dem lieben Freund zu helfen.
Aber schlimmer ward es stäts, wenn mein Schwert den Feind,
Den tödtlichen, traf, da nur tobender das Feuer
Dem Wurm entwallte. Zu wenig der Schirmer
Umstanden den König als diese Stund ihm kam.

Nun soll euch Schatzgabe und Schwertspende gebrechen,
Alle Erbsitzwonne euerm Geschlecht,
Alle Liebe fehlen. Des Landbesitzes
Muß der argen Sippschaft aller und jeder
Verlustig wandern, wenn die Leute erst

Eure Flucht erfahren in Fern und Nähe,
Die treulose That. Der Tod ist beßer
Der Leute Jedem als solch Leben voll Schmach.“

39. Ongentheow

Da ließ er über die Klippen des Kampfes Ausgang
Im Gehege melden, wo der Helden Schar
Den morgenlangen Tag in bangem Muthe saß,
Die Bordschildträger, Beides erwartend,

Des Tages Wende und die Wiederkehr
Des geliebten Mannes. Da ließ unverschwiegen
Die Kunde, der über die Klippen ritt;
Wahrhaft sprach er das Wort vor Allen:

„Nun ist der Wedern Wonnespender

An sein Todbett gefeßelt, der Fürst der Geaten,
Bewohnt die Walstatt durch des Wurmes Thaten.
Zur Seite liegt ihm der Lebensfeind,

An Sachswunden siech. Mit dem Schwerte konnt er
An dem Klagenswerthen in keiner Weise
Wunden wirken. Wiglaf sitzt nun
Ueber Beowulf, der Geborne Weochstans,
Edling über Edling, dem unlebenden,
Hält da herzkrank Haupteswache
Bei dem lieben und dem leiden.

Das Land erwarte nun
Schwere Kriegszeit, wenn kund erst beiden,
Franken und Friesen der Fall des Königs
Wird in der Ferne. Verfeindet waren wir
Hart mit den Hugen, seit Hygelak kam
Mit dem Floßheer gefahren zu der Friesen Lande,
Wo in der Schlacht ihn schlug der Hetwären Schar,
Die eilends mit Obmacht ihn überzog,
Daß der Held in der Brünne sich beugen muste
Und in der Feldschlacht fiel; er gab hinfort nicht mehr
Bauge den Biedern. Uns blieb seitdem
Der Merowinge Milde verweigert.

„Auch vom Schwedenvolke gesippter Treue
Erwart ich wenig. Es ist ja weithin kund,
Wie *Ongentheow* dem alten unterliegen muste
Hädkynn der Hredling beim Hrefnawald,
Als übermüthig zuerst heimsuchten
Uns Geatenkämpen die Kriegsschilfinge.
Da gab ihm der grimme Greis den Todesschlag
Im Gefecht der furchtbare Vater *Ochthers*.
Er erschlug den Entführer und befreite die Schöne,
Seine Gattin, der Greis, die goldgeschmückte,
Onelas Mutter und *Ochtherens*.
Darnach verfolgt' er die feindlichen Streiter,
Bis sie mit genauer Noth ihm entkamen,
Des Herrn beraubt, ins Hrefnaholz.
Da umschloß er mit Scharen die Schwertentronnenen,

Wundenmatten, oft mit Weh bedrohend
Das schmächtige Häuflein in schauriger Nacht.
Als gedächt er sie morgens mit mordlichem Stahl
Zu grüßen, wohl gar an den Galgen zu hängen
Den Vögeln zur Freude. Doch mit frühstem Tage
Ward Trost zu Theil den Trübgemuthen,
Als sie Hygelaks Horn und Heerposaunen
Erhallen hörten, da der hehre Fürst
Mit der Seinen Schar ihn zu entsetzen kam.

40. Wulf und Eofur

„Da war die Schweißspur der Schweden und Geaten
Bei der Männer Wuthkampf weithin sichtbar,
Als da die Fehde die Völker entschieden.
Aufbrach der Alte mit den Angehörigen

Vieljammernd der biedre, ob eine Burg er fände.
Ongentheow eilte, der Earl, der Höhe zu:
Er hatte Hygelaks Heersturm erfahren,
Der Starken Streitkraft: ihm zu stehn getraut' er nicht,
Daß er die Seemänner besiegen könnte

Und den Heergängern den Hort verwehren,
Die Frau und Söhne. Da floh der Greis
Hinter den Erdwall. Ungewinn hatten
Die Schwedenleute: der Sieg war Hygelaks.
Wieder flohn sie fürder zu friedlichem Felde,

Als die Hredlinge ins Gehege drangen.
Dort ward Ongentheow, der altergraue,
Mit blankem Schwert zum Bleiben gestellt,
Daß sich der Volksfürst fügen muste
Eofurs Willen. Ingrimmig traf ihn

Wulf der *Wonreding* mit der Waffenschärfe,
Daß der Schweiß aus den Adern von dem Schlag ihm sprang
Unter den Locken fort. Doch ließ nicht furchtsam
Der greise Schilfing: er vergalt schleunig
Mit schlimmerm Schlage den schrecklichen Streich.

Als sich gegen ihn kehrte der König des Volks,
Da konnte der schnelle Sohn des Wonred
Nicht entgegen schlagen dem greisen Helden:
Der hatt ihm den Helm am Haupt schon gespaltet,
Daß er blutbegoßen sich beugen muste

Zur Erde stürzend. Doch starb er nicht,
Nur schwer verwundet wälzt' er sich am Boden.
Da ließ Eofur, Hygelaks beherzter Degen,
Die breite Waffe, als sein Bruder lag,
Das alte Riesenschwert, ihm den Riesenhelm

Ueberm Schildrand brechen: da beugte sich der König
Zum Tode getroffen, der Trost seines Volkes.

Da fanden sich Viele, die den Freund zu verbinden
Wulf rasch aufrichteten, als Raum dazu ward,
Daß sie des Walfeldes walten konnten.
Dieweil beraubte Ein Recke den andern:
Sie nahmen dem Ongentheow die eiserne Brünne,
Das harte Hilzschwert und den Helm zumal,
Des Haargrauen Heergeräth Hygelak zu bringen.
Der empfieng den Schmuck und freundlich verhieß er
Den Leuten zu lohnen: das leistet' er so:
Jenen Kampfsturm vergalt der Geatenkönig,
Hredels Erbe, als er zur Heimat kam
Dem Wulf und Eofur mit überreichem Schatz:
Die Tapfern lohnt' er mit hunderttausenden Lands
Und geflochtner Ringe: kein Vorwurf durfte sie
Um die Gabe treffen, die so tüchtig erkämpft war.

Dem Eofur gab er die einzige Tochter
Zur Heimsteuer, seiner Huld zu Pfande.

„Das ist die Fehde, die Feindschaft der Männer,
Ihr tödtlicher Haß. Darum trag ich Sorge,
Daß mit dem Heer uns hier die Schweden heimsuchen,
Wenn sie erfahren, daß unser Fürst und Gebieter
Das Leben verließ, der so lange wider
Die Haßer behauptet Hort und Reich
Und nach der Könige Fall die kühnen Schildinge;
Der unser Volksrecht festigte und vielfach noch
Eorlschaft übte.

„Nun ist Eile gut,
Daß wir hingehn die Fürsten des Volks zu schauen
Und rasch ihn bringen, der uns die Ringe gab,
Zur Scheiterburg. Nicht zu schmelzen braucht
Mit dem Kühnen unser Gut: der Kleinode Hort ist da,
Unermeßliches Gold: wir entgalten es bitter,
Und zuletzt mit dem Leben des lieben Königs
Bezahlten wir die Zierden. Die verzehre der Brand,
Verhülle die Glut. Die Goldringe trage
Kein Mann zur Erinnerung, kein Mägdlein soll sie
Am Halse haben zu holder Zierde.
Grammüthig wird nun, des Goldes beraubt,
Bald mehr als Eine das Elend betreten,
Da des Landes Trost das Lachen aufgab,
Scherz und Spiel. Mancher Sper wird wohl
Frühkalt hinfort mit der Faust umschloßen,
In der Hand erhoben. Kein Harfenklang
Wird den Weigand wecken, sondern der wilde Rabe
Der Gefallnen froh Vieles reden,
Dem Adler zu sagen wie ihm die Atzung glückte,
Als er mit dem Wolf das Walfeld beraubte.“

Also sagte da der schnelle Recke

Die leide Märe: er log nicht viel
An Wort noch Weise. Das Wehrvolk erhob sich
Und eilte unfroh dem Adlerfels zu
Mit wallenden Zähren, das Wunder zu schauen.
Da sahn sie ihn am Sande der Seele beraubt
Auf dem Ruhbett rasten, der Ringe vordem
Den Geaten gegeben. Jetzt war der Endetag
Dem Kühnen gekommen, der kriegerische Fürst,
Der Walter der Wedern wunderbar erlegen.
Dort sahen sie auch einen seltsamen Anblick:
Den Wurm der Wüste wider ihn gekehrt,
Den leiden, liegen. Der Lohdrache war
Zu grimmem Graus von Gluten verschwält.
Volle funfzig der Füße maß er
Auf dem Lager an Länge. Seine Luftwonne hatt er
Nächtlich gehalten: nieder dann war er
Zur Tenne gesunken; der Tod hielt ihn nun:
Er hatte der Erdhöhlen zu Ende genoßen.
Neben ihm stunden Näpfe und Krüge,
Teller lagen und theure Schwerter
Vom Rost durchfreßen, da sie im Felsengrund
Tausend der Winter träge gerastet.
Es war das Erbe, das überreiche
Der Vorzeit-Zierden, mit Zauber gebunden:
Untrüglich bestimmten bis zum Tag des Gerichts.
Die hehren Herscher, die den Hort verbergen sahn,
Der Mann wäre der Meinthat schuldig,
Heilthumsverwiesen, in Höllebanden
Zu harten Strafen, der die Schätze raube;
Daher an den Ringsaal nicht rühren mochte
Der Männer Einer, wenn der mächtige Gott
Der wahre Siegkönig, es nicht selber gönnte
(Er ist den Menschen hold) den Hort zu erschließen
Eben solchem Manne, der gemäß ihn deuchte.

41. Bestattung

Da ward klärlich kund, daß es Keinem gedeihen mag,
Der da mit Unrecht will zu eigen haben
Verschloßene Schätze. Erschlagen hatt ihr Hüter
Der Menschen Kinder: die mordliche That

Ward grimmig gerochen. Ist so groß das Wunder,
Daß ein erlauchter Held das Looß muß theilen
Aller Erdenwesen? Nicht ewig mag
Ein Mann mit den Seinen den Methsaal bewohnen.
So war es mit Beowulf. Als er des Berges Hirten

Suchte, zu schwerem Kampf, sah er nicht voraus
Was für ein Ende er finden sollte.
Nicht goldgierig war er: gerner hätt er
Des Eigners Gunst ehedem beseßen.

Wiglaf sprach da, Weochstans Sohn:
„Oft müßen Alle um Eines Willen
Uebles ertragen, wie es Uns zu Theil wird.
Nicht bewegen konnten wir den werthen König,
Des Reiches Hirten, nicht zu rathen war ihm,
Daß er nicht grüßen gienge diesen Goldhüter,
Ihn liegen ließe, wo er lang gehaust,
In der Wohnung weilen bis zum Weltende.
Es war unser Schicksal! Schaut nun den Hort,
Den grimmerworbenen! Das Gift war zu stark,
Das den Gebieter so bald uns entzogen hat.
Ich war darinne und Alles sah ich rings,
Das Geräth im Saal, als mir schon geräumt war,
Obgleich nicht so gutwillig mir der Gang erlaubt ward
Unter den Erdwall. Eilends ergriff ich
Mit beiden Händen eine mächtige Bürde
Der Hortkleinode, sie hieher zu tragen
Meinem lieben Landesherrn, der noch am Leben war,
Und wohl bewust: viel Weises sprach er noch

Der bekümmerte Greis. Euch zu grüßen befahl er,
Und bat euch, die Burg.
Er umschloß mich mit Schilden in Skatalundr,
Mit rothen und weißen; die Ränder schnürten mich; –
Um meinen Saal, den südlich gelegnen,
Ließ er hoch des Holzes Verheerer entbrennen u. s. w.
auf der Brandstätte
Ihm hoch zu erheben nach des Helden Thaten,
Groß und mächtig, wie unter Männern Er
Aller Weigande Würdigster weithin auf Erden war,
So lang er des Burghorts gebrauchen durfte.
Auf denn, eilen wir zum andern Male
Zu sehn und zu suchen die sinnreichen Kleinode,
Die Wunder unterm Walle. Ich weis' euch hin,
Wo ihr nimmer die Augen genugsam weidet
An Baugen und blankem Gold. Die Bahre derweil
Bereitet rasch: wenn wir zurück kommen,
Daß wir unsern Gebieter dahin bringen mögen,
Den lieben Mann, wo er lange soll
In des Waltenden Gewahrsam bleiben."

Gebieten ließ da der Geborene Weochstans,
Der herrliche Heermann der Helden Manchem,
Der Burggeseßnen, daß sie die Brandscheite
Von fern hinführten durch das Volk der Knechte,
Dem Guten entgegen. „Nun soll Glut verzehren,
Schwarze Lohe schmelzen der Schlachthelden strengsten,
Der oftmals aushielt die Eisenschauer,
Wenn von Strängen geschnellt der Geschoße Sturm
Ueber den Schildwall schlug, und Schäfte hafteten,
Gefiederte Pfeile, daß er pfriemvoll einhergieng."

Da wählte Weochstans weiser Sohn
Von des Königs Kämpen, den kühnen Degen,
Sich aus den sehnigsten sieben Gefährten;
Selbachter eilt' er unter das üble Dach.

In der Hand hielt der Helden Einer,
Der zuvörderst gieng, einen Feuerbrand.
Da looßten die Helden nicht, wer das Lager beraube,
Als unbehütet die übrigen Schätze
Die Suchenden sahen im Saale rasten
Und verlaßen liegen; leid wars Keinem,
Als sie in Eile hinaus nun trugen
Die theuern Kleinode. Den Drachen stießen sie,
Den Wurm von der Wallklippe, daß die Woge nähme,
Die Flut umfienge den Pförtner der Schätze.
Dann lud man auf Wagen das gewundene Gold,
All ungezählt. Der Edling ward getragen,
Der graue Heldenfürst, gen *Hronesnäss*.

42. Leichenbrand und Todtenmal

Da errichteten rasch die Recken Geatlands
Ihm zur Feuerburg einen festen Bau,
Mit Helmen umhangen und Heerschilden,
Mit blanken Brünnen wie er gebeten hatte.

In die Mitte legten den erlauchten König
Die harmvollen Helden, den lieben Herrn.
An der Burg begannen der Brandfeuer gröstes
Die Weigande zu wecken: da wand sich der Rauch
Schwarz von den Scheiten; das Sausen der Lohe

Verband sich dem Wehruf. Der Windzug hielt an
Bis er das Beinhaus gebrochen hatte
Die Brust durchglühend. Mit Gramgedanken
Beklagten die Kühnen des Königs Tod.

Wieder wirkten die Wedernkämpen
Einen Hügel am Hange, der war hoch und breit
Und den Seebeseglern sichtbar von fern.
Da zimmerten sie in zehen Tagen

Des Kampfberühmten Mal. Des Königs Asche
Umgab eine Wallmauer, wie es am Würdigsten
Sehr weise Männer ersinnen mochten.
Im Bühel bargen sie Baugen und Edelsteine,
Köstliche Kleinode, die die Kühnen zuvor
Enthoben hatten dem Horte des Wurms;
Sie ließen den Edlingsschmuck die Erde halten,
Das Gold den Grieß, wo es gegenwärtig
Ebenso unnütz bleibt, als es ehedem war.
Dann umritten rasche Recken den Hügel,
Der auserwählten Edlinge zwölf.
Sie klagten den Kummer um den König trauernd,
Erhoben Hochgesang, den Helden zu preisen,
Seine Reckenschaft und ruhmvolle Thaten,
Seiner Zucht zum Zeugniss; wie es geziemend ist,
Daß man den lieben Herrn im Liede verherrliche,
Im Herzen feiere, wenn er hingeschieden
Den geliehnen Leib verlaßen muste.
So beklagten die kühnen Kämpen Geatlands
Des Herren Hingang, seine Heerdgenoßen,
Als den würdigsten der Weltkönige,
Der Männer mildesten und mannfreundlichsten,
Der Leuten liebsten und lobbegierigsten.